中国

注释法学

文库

公证法释义与实务

翁腾环 编著

商务印书馆
The Commercial Press
创于1897

2018年·北京

广州大学公法研究中心合作项目

主持人　董　皞

顾问　李步云　应松年

广州大学社科专项资助

商务印书馆图书馆提供版本

总　　序

　　一个时代法学的昌明，总开始于注释法学；一个民族法学的复兴，须开始于历史法学。

　　虽然清朝帝制的陨落也正式宣告了中华法系生命的终结，但历史的延续中，文明的生命并不只在纸面上流动。在中华民族近现代法治文明孕育的肇端，中华法制传统转向以潜移默化的形式继续生息，西学东渐中舶来的西方法学固然是塑造中国作为现代民族国家法学的模型，但内里涌动的中国法文化传统却是造就当代中国法学的基因——这正是梅因要从古代法中去寻找英国法渊源的原因，也是萨维尼在德国法体系发展伊始即提出的："在人类信史展开的最为古老的时代，可以看出，法律已然秉有自身的特性，其为一定民族所特有，如同其语言、行为方式和基本的社会组织特征。"①

　　有鉴于此，从历史溯源来探索独特中华法治文明，重塑中华法系，是当代中华民族追求伟大复兴的必由之路。所以，当历史的沧桑和尘埃终于在半个多世纪的岁月里缓缓落定的时候，我们应在此刻再度回眸那个东西文明撞击的年代，会发现，在孜孜探求中国现代民族国家法学发展之路的民国，近代法学的先驱们尝试将曾经推动西方现代法学兴起的注释法学引入中国。孟森、张君劢、郑竞毅、汪文玑、

---

① ［德］萨维尼：《论立法与法学的当代使命》，许章润译，中国法制出版社 2001 年版，第 7 页。

秦瑞玠、谢霖、徐朝阳……这些人既是中国传统文化滋养下成长的精英，又是怀有开放心态虚心学习世界先进文化的智者，可以说，他们以自觉的时代精神和历史责任感担负起构建民族法学、追求民族复兴的使命，而又不自觉地传递着中华法系传统的理念和逻辑。细细研读他们的作品，不但是对近代民国注释法学派理论研究的梳理，更能对近代以降，现代民族国家觉醒过程中，中国法学建立的历史源流进行深入和系统的把握。

近年来，多部近代法学著作重新被整理推出，其中不乏当时大家的经典之作，然而，从注释法学的角度，系统梳理中国当代法学的理论发展史，尚无显著进展或相关成果问世。由此，余欣闻商务印书馆和广州大学法学学科的教学、科研单位，现合作计划对这批民国时期注释法学的研究成果进行点校整理，并重新让民国法注释学的经典著作问世，我深感振奋。这套丛书比较全面地覆盖了现代法体系中各个法律部门，能够为展现中国近代法治文明转型和现代民族法学发生、发展史建立起完备的框架，无论对于法制史学，还是对于当代中国部门法的理论研究与制度探索，乃至整个当代民族法学文化的发展而言，都具有极其关键的意义。毕竟，受到法文化传统影响，中国政治对法学和法制的压抑使传统的法文明散落在经典知识体系的各个"角落"而未能独立，虽然有律学这支奇葩，但法独立性的文化基础仍然稀薄。进入近代，在西方法治文明模式的冲击下，虽然屡有"立宪救国"的政治运动以及社会思潮，然而，尝试用最"纯粹"的路径去构建民族法学和部门法制度，还当属这些学术先驱们拟采用的"罗马法复兴"之路径，即用注释法学来为中国民族法学奠基。可以说，勘校和整理这一系列丛书，是法学研究中对注释法学和历史法学的大胆结合，既是对文献研究的贡献，也是突破既定法学研究范式，打通部门法、法理学和法制史学研究的方法创新。

　　是以，余诚挚期盼该丛书经过勘校整理，能够为中国法制史和部门法学基础理论研究，提供一条贯通历史与现实的"生命线"，望能促进当代中国法学的理论和制度，均能一据历史法学而内蕴传统之民族精神，又外依注释法学而具精进之现实理性，故此为序。

张　晋　藩

2013 年 3 月 15 日于北京

凡　　例

一、"中国注释法学文库"多收录 1949 年以前法律学术体系中注释法学的重点著作，尤以部门法释义居多。

二、入选著作内容、编次一仍其旧，唯各书卷首冠以作者照片、手迹等。卷末附作者学术年表和题解文章，诚邀专家学者撰写而成，意在介绍作者学术成就，著作成书背景、学术价值及版本流变等情况。

三、入选著作率以原刊或作者修订、校阅本为底本，参校他本，正其讹误。前人引书，时有省略更改，倘不失原意，则不以原书文字改动引文；如确需校改，则出脚注说明版本依据，以"编者注"或"校者注"形式说明。

四、作者自有其文字风格，各时代均有其语言习惯，故不按现行用法、写法及表现手法改动原文；原书专名（人名、地名、术语）及译名与今不统一者，亦不作改动。如确系作者笔误、排印舛误、数据计算与外文拼写错误等，则予径改。

五、原书为直排繁体，均改作横排简体。其中原书无标点或仅有简单断句者，一律改为新式标点，专名号从略。

六、原书篇后注原则上移作脚注，双行夹注改为单行夹注。文献著录则从其原貌，稍加统一。

七、原书因年代久远而字迹模糊或纸页残缺者，据所缺字数用"□"表示；字难以确定者，则用"（下缺）"表示。

八、入选著作外国人名保持原译名，唯便今天读者，在正文后酌附新旧译名对照表。

目　　录

绪　论

第一章 公证之意义

"公证"一语，英称 Public registor，法称 Nataise，德称 Notari-at，意称 Registro Pu blico。其意义若何？学者间迄无定论，兹就管见所及，试拟其定义如下，"公证者，因保护私权，依国家权力，证明特定之法律行为或其他关于私权事实之法律制度也。"依此定义，分析说明之：

一　公证者，法律制度也

公证者，公证法规所定之制度也。公证法规，系在一定时间（《票据法》第八十四条第二项第一百零三条参照）依一定方法（《公证暂行规则》第四条第二项《公证暂行规则施行细则》第一条参照）经人民要求，由国家机关为其私权保护行为之法规，公证即由此法规所定之法律制度也。

二　公证者，证明特定之法律行为或其他 关于私权事实之法律制度也

凡以发生私法上效果为目的之意思表示，谓之法律行为，此外，实际上发生之事实，足以发生私权之效果者，谓之关于私权之事实。凡此两者，均须有确实证明方法，则人将不敢妄与之争，纵有诉讼，

法院亦易判断其曲直。故现代各国，均制定公证制度，设立公证机关，使担任证书之作成，以期杜息争端，并使私权得以保障，惟其证明之法律行为或其他关于私权事实，须以当事人或其他关系人之请求范围为限。

三　公证者，依国家权力之法律制度也

公证制度或由法院办理或由公证人自设事务所，办理公证事务，仅受法院监督，但其取得资格，均由国家所赋与，其为公务员，自无疑义，故其依当事人或其他关系人之请求就法律行为或其他关于私权之事实，作成公证书或认证私证书之行为，系依国家之权力，其理甚明。

四　公证者，保护私权之法律制度也

私权之被侵害，固可依民事诉讼以救济之，而其证明须有确实之证据方法。不然，当事人无由证其直，曲者遂得而争之，则私权时有被侵害之虞。凡为法律行为或关于私权之事实，须请求公证推事作成公证书或认证私证书，方足使权利得以确定。故曰公证者，保护私权之法律制度也。

第二章　公证法之意义

公证法之意义，有实质之意义与形式之意义二种，兹分述如下：

一　实质之意义

实质意义之公证法，指公证上所适用之全体法规而言。详言之，公证法者，因保护私权，依国家权力，证明特定之法律行为或其他关于私权事实之法律制度之全体规定也。就广义言之，不但国家命名为公证法之法典，为公证法（公证暂行规则），即《法院组织法》，《民法》，《票据法》，《保险法》，《海商法》，《公证暂行规则施行细则》及《公证费用规则》等，苟系有关于公证之规定者，皆不失为公证法也。

二　形式之意义

形式意义之公证法，指国家命名为公证法之法典而言（即我国现行《公证暂行规则》是）。易言之，形式之公证法，系独立成为法典，其他实质之公证法之规定不属之。本书所谓公证法，系指形式公证法而言；但为使阅者易于领悟起见，解释时仍涉及实质之公证法。

第三章　公证法之性质

公证法之意义，已如上述；然其在法律中应属于何类？实有研究之必要，兹说明如下：

一　公证法为公法

法律分为公法与私法，虽为近世学者所反对，然依一般通说，仍认二者之区别。即谓公法者，规定统治关系之法律也，私法者，规定社会生活关系之法律也。公证法依国家之权力为证明特定之法律行为或关于私权事实之法律制度之法规也，其为达国家生存之目的，原与统治权有直接关系，况公证人为国家机关之一（《公证暂行规则》第一条第二条参照），其所执行事务有非讼事件之性质。公证法为规定其执行职务及当事人请求时之准则，系规定依国家之权力执行事务之法律关系，故公证法自属公法，毫无可疑。

二　公证法为成文法

所谓成文法者，指凡以文书作成，经国家依一定之程序与形式而公布之法律而言也。不成文法者，指不以文字记载，或则虽以文字记载而不经立法程序，由国家认定后，即生法律之效力而言也。公证法在世界各国（法、比、意、瑞、士、日），均依立法程序产生而由国家公布之法律，其为成文法，自属无疑。我国《公证暂行规则》，未经立法院三读会通过之程序，然其已由中央政治会议第四六六次会议决议准予备案，并由国民政府二十四年七月二十六日第五九二号训令司法院遵照办理，虽未称其为法，名为规则，而其实质已达于成文法亦属无疑。

三　公证法为程序法

学者间谓规定实体权利义务之法律为实体法（主法），运用实体法之程序为程序法（助法）。公证法系关于非讼事件之法律，其内容规定公证人之执行职务及当事人之请求，若发生实体法上之关系，仍应依实体法解决之。例如请求公证人作成拒绝付款证书，当事人依《公证法》（《公证暂行规则》第四条参照）固有请求权；但法院之推事，（公证人）仍应注意《票据法》（实体法）第八十四条第二项之规定。即是否在拒绝付款日或其后二日内请求是。依我国《公证暂行规则》之规定其为程序法无疑；但法、比、英、日等国之公证制度，由公证人自设事务所，办理公证事务，自表面观之，其公证法似非程序法，惟仍认公证人为分担国家职务之公务员（有认为官吏有认为公吏），并须受法院之监督，故其中虽有任免，监督及惩戒之规定（我国《公证暂行规则》无此规定），似与程序法之旨相背，然其法条仍注重于公证人执行职务及当事人之请求，是以原则上仍为程序法，惟仅有例外规定耳。

四　公证法为国内法

法律分国内及国际两种，规定国际团体间之法律为国际法，规定一国主权下之法律为国内法，公证法之效力仅及于国内，而不及于他国，故为国内法。

五　公证法为强行法

强行法与任意法之区别，以法律条文之内容，是否强制适用为标准。如有法律中规定之事实存在，即应绝对遵从其规定，法院（推事）及当事人均不得避其适用者，谓之强行法。任意法者，谓应适用法律之人，如有反对之意思表示，即得不为适用之法规也。我国《公证暂行规则》属于公法，其中规定，均以公益为主，原则上应认为强行法（《公证暂行规则》第六条，第七条，第八条，第十条，第十三条，第十四条，第十五条，第十六条，第十七条，第二十三条，第二十四条，第四十三条参照）。

六　公证法为普通法

普通法与特别法之区别，依其法律适用之人及事物为标准。普通法者，指适用于一般人或一般事物之法律而言也。特别法者，只限于某特别之人或某事物适用之法律而言也。公证法规定凡推事对于当事人或其他关系人之请求得就法律行为或其他关于私权之事实，作成公证书或认证私证书，而无对于特别之人或特别之事物有所限制，故为普通法。

第四章 公证法之沿革

公证法滥觞于古代埃及，希伯来及希腊诸国，惟其时国民知识浅薄，法律思想极为简单，仅具有公证制度之雏形而已。即欲使公证书有公证之效力，须由一定机关作成，盖用官印。至欲使成立有效之契约，须当事人双方及见证人一同到场，作成证书，并盖官印等方式。其后渐次流传于罗马，益加改善，迨罗马帝国被日耳曼民族征服以后，其法令政制，均为日耳曼人吸收，但有瑞典，丹麦等国，扰乱欧洲，致日耳曼之成文法等于具文，公证制度亦随之而受顿挫，遂由僧侣取而代之，即凡订立契约，均委托僧侣为之证明，始发生效力。其后继承公证制度，而能热心奉行者，首推法兰西，惟其初时制作公证书之权，亦均属于裁判官，但得由书记代之。至一二七〇年法王路易在巴黎设立公证机关六十所，乃改为由公证人掌理证书登记之职务，并于证书之方式，设有种种规定，其所作证书，有公正效力，但在证书上须记载巴黎裁判长之姓名，并盖用裁判所之官印。一八〇三年二月二十五日颁布《公证人法》，一九〇二年，一九二六年，一九二八年及一九三三年相继修改，始确定公证制度，欧洲各国之公证法，莫不以此为圭臬。

比利时取法于法国，即根据法兰西一八〇三年二月二十五日之法律，后于一九二二年及一九二七年特别修改。荷兰之公证法亦然，惟其依照法国一五四〇年颁布之法律，即凡公证书须有裁判官指定之公证人一人或二人署名，方能发生效力。

其后意大利一九一三年二月十六日，瑞士日内瓦州一九一二年十一月六日，土耳其一九一三年十月十五日，摩洛哥（法国殖民地）一九二五年五月四日，美国一九二九年，格白省（加拿大）一九○九年，均先后颁布《公证法》。

日本自明治维新后，法律多取法于法兰西，公证制度亦采其立法例，明治十九年八月十一日乃有《公证人规则》之公布，至明治四十一年复参酌普鲁士立法例，于四月十三日公布《公证人法》，然其原则仍袭法兰西一八○三年之《公证人法》。

我国公证制度，推行最早者，首推东省特区法院，惟其时之法令只适用于一隅，推行以来，颇著成效。民国十五年前北京政府有《公证人法草案》之产生，后因政府瓦解，此项草案亦随之停顿。十九年司法院参事处就原稿签注意见，略加修正，迄未采用，后司法行政部复有《公证法草案》之拟订，其内容共分七章，即（一）总则，（二）任用及所属，（三）职务之通则，（四）公证书之作成，（五）私证书之认证，（六）代理及交替，（七）监督及惩戒。全文共七十二条，其大致取法于法日等国之立法例。后司法院以为公证制度若采用外国对于公证人得自设事务所，向嘱托人收定额之费用，办理公证事务，仅受法院监督之立法例，鉴于我国国民智识程度尚浅，诚恐发生流弊，乃以暂时不设公证人，概由法院推事办理公证事务为宜，拟具《公证制度原则草案》及《公证暂行规则草案》，提请中央政治会议议决，经交法制组审查结果，认为司法院所拟《公证暂行规则》，大体尚妥，经将文字酌加修正，提出第四六六次会议决议，《公证暂行规则》，准予备案，定试办期间为二年，函达国民政府查照转饬司法院遵办，由司法院将《公证暂行规则》于二十四年七月三十日公布，训令司法行政部照办。复由司法行政部制定《公证暂行规则施行细则》及《公证费用规则》，于二十五年二月十四日公布，并指定首都地方法院管辖区域，为施行区域，定四月一日起实行。至其他各地法院，如需试行公证制度者，并准呈明办理，其后相继成立公证处者，有吴县地方法院，上海第一特区地方法院，上海第二特区地方法院，上海地方法院及闽侯地方法院。《公证暂行规则》全文共四十七条，分为三章，即（一）总则，（二）公证书之作成，（三）私证书之认证。盖本规则以暂不设立公证人，概由法院办理公证事务，故对于公证人之任用及所属，代理及交替，监督及惩戒已毋庸规定矣。然除此以外，大部分之法条，均译自日本一九〇八年四月十三日之公证法。

本　论

第一章　总则

（第 1—14 条）

　　总则为全部法则之总括规定，各国公证法特设总则章者，不乏其例。如日本、法兰西等国之公证法是。以公证法之编制上言，总则为适用于公证法全部之法则，应规定于第一章之编首，若一一订入各章，实有重复烦琐之弊。故我国《公证暂行规则》特将总则规定于篇首，适用至便。

第一条　地方法院为办理公证事务设公证处，有必要时，得于管辖区
　　域内适宜处所设公证分处。

一　　注释

　　本条规定公证机关之设立。

　　各国关于公证机关所采之主义，有独立主义与并合主义之分。所谓独立主义者，即公证机关由公证人自己设立，向嘱托人收定额之费用，办理公证事务，仅受法院之监督，惟设有名额及资格之限制。所谓并合主义者，即公证机关并合于司法机关而言，易言之，公证事务与司法事务并合，故其机关亦为并合。法、比、美、瑞等国采独立主义，日、土、意等国则采例外的并合主义。

　　我国公证制度，在民国十五年北京政府所拟，十九年司法院所

拟，及前年司法行政部所拟之《公证人法草案》，均采独立主义，《现行公证暂行规则》采并合主义。盖其立法理由，恐单独主义，与现在我国之国情不合，易滋流弊，故暂时不设公证人，概由法院办理，俾公证制度易于推行，而人民之私权亦得藉以保障。是以本条明定，公证事务由地方法院办理，专设公证处，以便当事人及其他关系人之请求。倘地方法院管辖区域广大，认为必要时，得择适宜处所（如市区繁盛之乡镇）设公证分处。

所谓地方法院，指第一审法院而言。依《法院组织法》第九条规定，地方法院在县或市设之；但其区域辽阔者，得设地方法院分院，区域狭小者得合数县市设一地方法院。由此观之，本条之地方法院是否包括地方法院分院？抑仅指地方法院为限？余以为解为包括地方法院分院较为适当。所谓办理公证事务，指办理当事人或其他关系人之请求，就法律行为或其他关于私权之事实，作成公证书或认证私证书及其他事务（交付公证书及其附属文书之缮本，准驳请求阅览公证书原本等）而言。所谓公证处，指办理公证事务之处所而言。所谓有必要时，例如管辖区域辽阔，当事人请求不便非设公证分处不可是。所谓管辖区域，指依土地之区域，定官署管辖权限而言。所谓公证分处，指别于公证处而言，虽公证分处行政上隶属于公证处；但其办理公证事务有独立行使之职权。

我国公证制度系采并合主义，公证事务由地方法院推事专办或兼办，已无公证人之名称，故我国公证法不曰公证人暂行规则，而曰《公证暂行规则》。

公证处既为地方法院组织体中之一，则其对外名义应用"某某地方法院公证处，"不得仅用某某地方法院或仅用公证处。至公证分处，亦应冠以"某某地方法院公证第几分处"亦为当然之解释。

二　立法例

日本公证人法

区裁判所管辖区域内无公证人或公证人不能执行职务时，司法大臣得令区裁判所于其管辖区域内执行职务。

前项推事有障碍不能执行职务时，得令裁判所书记官办理公证人事务。（第八条）

公证人隶属于地方裁判所。

各地方裁判所所属公证人之员数，由司法大臣按照各区裁判所管辖区域定之。（第十条）

公证人执行职务区域，依照其所隶属之地方裁判所之管辖区域。（第十七条）

公证人依照司法大臣指定地设立事务所。（第十八条第一项）

法兰西公证人法

公证人行使职务之区域如下＊：

（一）所在地为城市而设有控诉院者，则为该院之管辖区域；

（二）所在地为城市而只设有第一审法院一所者，则为该第一审法院之管辖区域；

（三）所在地为其他县份者，则为治安裁判所之管辖区域。

但所在县设有数个治安裁判所者，各公证人共同在该县全境内行使职务。

＊ 原文为"如左"，因改为简化字横排，故改为"如下"，以下相同或类似情形，如"左列""右列"等，统改为"下列""上列"等。——编辑注

凡依照从前特别法令而取得在数州行使职务权利者，仍保存其现有区域。

凡一州内只有公证人一人者，同一控诉院区之邻州公证人，均得在该州境内行使职务；但以关于遗嘱，夫妇间赠与及析产名义之赠与等行为为限。

该州之公证人，依互惠原则，在各邻州境内，享有同一之权利。（第五条）

任何公证人，均不得在所管辖区域外行使职务，违者停职三月，再犯者免职，如有损害，并须赔偿。（第六条）

比利时公证人法

公证人在其住所之治安裁判所管辖州之境界内执行职务。

公证人住在首府在同一县境内之二州或数州中之一州境内者，其管辖区域，为各该州联合之境域。

住在布鲁赛（Bruxelles），依克赛（Ixelles），圣依（Saint-gilles），安台而克脱（Ander-lecht），马而倍克圣约（Molenbeek-Saint-Jean），圣约斯东罗得（Saint-Josseten-noode），斯赫拔克（Sc aerbeek），及于克而（Uccle）各州之公证人，其管辖区域，为该数州之全境。

住在列日（Liege），格里佛业（Grivegnee），黑而斯旦（Her-stal），及圣尼谷拉（Saint-nicolas）各州之公证人，其管辖区域，为该数州之全境。

住在翁佛斯（Anvers），拔询（Berchem）及北息郝（Borger-hout）各区及爱息杭（Eecheren）县之公证人，其管辖区域，为该数州及爱息杭县之全境。

住在刚城（Gand），爱佛席（Evergem），娄特拔（Ledeberg）各州之公证人，其管辖区域，为该数州之全境。

住在捷而罗滑（Charleroi），许姆（Jumet），捷脱娄（Chatelet）及马斯阿蓬（Mar-Chienne-au-Pant）各州之公证人，其管辖区域，为该数州之全境。

公证遗嘱或密封遗嘱，自书遗嘱之寄存，撤销遗嘱，赠与，夫妇财产契约及关于接受上述行为之委任书，得由当事人住所所在地之司法区域内之公证人为之。

如因故障而致州内无一公证人，或仅有公证人一人能执行职务时，若遇前项列举以外之证书，而须紧急制作者，当事人得特别请求治安裁判官，允其选定邻州之公证人一人制作之。治安裁判官之允许命令，应记载于请求书之末，一并黏附于公证书保存之。请求书及治安裁判官之命令，一律免除印花税及登记税。证明请求理由之证书及文件，得不黏贴印花及登记，向治安裁判官提出之。（第八条）

土耳其公证人法

某地因收入之不敷，不能指派公证人者，得命地方上司法人员，于其本职务外，兼任公证人之职务。（第十二条）

意大利公证人法

在不置公证人之区域内，得以敕令将公证人之职务委托公证人之候选人，治安裁判所之书记官，县长或县政府之秘书办理，但不得委托推事。（第六条）

三　理　论

关于本条立法之得失，各家有相持之意见，兹择其要者录之如下：

宝道之意见："按暂行规则第一条及第二条之规定，公证事务系于每地方法院之管辖区域内，由地方法院委派推事一人兼办或专办，换言之，办理公证事务之推事有兼任司法职务者，有不兼任司法职务者。

此种司法职务与公证职务之并合，似觉不妥。

前项并合制度不知有无先例，然在余所能参考之各国法律中（法、比、意、瑞、英、美、德、日、土耳其、摩洛哥、墨西哥）并未见之。反之，以上各国之法律，对于司法职务与公证职务之并合，莫不明示或暗示禁止。例如法兰西法律在一百三十年前已有如下之规定："任推事，检察官，候补员，书记官，代讼人及执达吏之职务者，不得兼任公证人之职务。"

摩洛哥一九二五年三月二十四日之法律第七条所有普遍性之规定如次："任公证人之职务者，不得兼任任何其他有俸给之司法及行政职务。"

意大利一九一三年二月十六日之法律第二条，亦规定公证人不得兼任受国，省，或具有五千人口以上之县之俸给任何职务。

日内瓦之《公证法》第四条，格白省（加拿大）之《公证法》第二十七条至第三十条，哥伦比亚州（华盛顿）之《公证法》第十一条，均有同样之规定。

以上各国法律，并不禁止由司法人员中选充公证人办理公证事务；且有若干国法律，对于此种指派之方法，尚极表赞同（例如日本《公证法》第十三条，意大利《公证法》第五条第五款，日内瓦州之《公证法》第三十九条。）因就道德上与法律上经验而言，推事信用更为可靠；然在各国法律，推事一经选充公证人后，便抛弃其法官之地位，脱离司法职业，从此以往，便非司法人员，亦不属司法部之管辖矣。

但在若干国有一种例外情形，即在极小之管辖区域内，如公证事件过少以致不兼他职之公证人不能以其职务上之收入为生时，公证事务得委托法院书记官或推事办理。

　　例如土耳其《公证法》第十二条规定："某地因收入之不敷不能指派公证人者，得命地方上司法人员，于其本职务外，兼任公证人之职务。"

　　日本《公证法》第八条之规定："地方裁判所管辖区域内不置公证人时，或公证人不能行使其职务时，司法省得令地方裁判所办理该管辖区域内公证事务。"

　　意大利亦有规定："在不置公证人之区域内，得以敕令将公证人之职务委托公证人之候选人，治安裁判所之书记官，县长或县政府之秘书办理；但不得委托推事。"（意大利《公证法》第六条）

　　各国法律所以不容一身兼任公证职务与司法职务者，实非无故；盖此两种职务性质上迥不相同也。

　　就条文上观之，公证人之职务仅在依当事人之请求作成公证书；但大多数情形，当事人请求公证人为其制作公证书时，对于该文书所应具备法律上或形式上之条件，多茫然不知；无论关于买卖契约，夫妇财产契约，公司之设立，抵押权之设定等等，当事人无不明知其所欲为之事项，但能知其应如何为之者，殊属寥寥。公证人既知当事人对于证书内之条款，不能自决，纵不先予指导，当事人亦必求教于公证人矣。

　　在公证制度发达地方，公证人之职务无时不为一种顾问职务；法律上对于此种职务，虽鲜有详细规定，而摩洛哥之《公证法》第一条却有一项如下：

　　"公证人对于当事人应供给意见，告以就契约标的所知之事项，并使之明了其所作成或帮助作成证书之效力及结果。"

　　此种顾问既极力保护当事人之利益并教以达到所图目的之最好方法，则该顾问所为者，恐不免损害他人之利益，如是在公证人之地位，实已克尽厥职，但不合于推事所应处之态度矣。若以公证人之精神执行推事职务，则不能不越法官所应守之规则，此种不相容之情形，实为推事与公证人应行划分之第一要点。余以为此项划分在中国极属重要，盖中国最近关于民事，农、商、社会、行政各方面，已具备各种极复杂，极新颖之法制，唯有一般法律专家方能洞悉了解，因之当事人在中国之需要顾问，当较任何地为迫切。

司法职务与公证职务之不可兼并，尚有第二种原因，兹述之于后。

按普通规则，公证人不得作成任何违法之公证书，《暂行规则》之第十五条亦规定："推事不得就违反法令事项及无效之法律行为，作成公证书。"

对于是项规定，以下当另文论之；但余以为此种条文似推定任何公证书在法律上概为有效，推事既不得就无效之法律行为作成公证书，则凡作成公证书时，必因其中所具之法律行为为有效矣。

其实在形式上极合法之公证书，亦有根据一种无效之法律行为而作成之者。盖公证人受当事人之欺或无法律知识致法律行为之无效，实常有之事（阅以下对于第十五条之意见）。

如上所述，此类公证书之效力问题将来如须由法院解决时，则该法院对其自己僚属（即推事中之一人）所作成之公证书，不得不加以批评，岂非不便之至？至有关系之当事人，目睹推事将其他推事所作成之公证书，宣告无效，亦安得不为惊异？因此各国立法者，无不承认公证职务与司法职务应判然不相混合，而逻辑之划分方法，即以公证人专负作成公证书之责，另以法院推事负审判该证书有效或无效之责。

尚有第三点应予考虑者

公证人须认识请求人或经其所认识之人介绍，始得作成公证书。此种认识非常必要，故公证人必须常在同一区域内执行职务；而此长久继续之关系，于顾问之职务亦极重要，因唯有久在一处供职者，始可经历多数事件之颠末，以获地方上必要之经验。且公证人之名誉与威望，亦惟有在其管辖区域内供职多年者，方可得到。至办理公证事务之推事，绝不能于长久期间执行此种职务，在普通情形，此项推事，多不在其管辖区域内生长，与该区域内之人多不相识——此种情形宜于推事不宜于公证人——至其将来之调动，升迁及要求由公证之职务调任推事职务者，更为极寻常之事，因此推事执行公证职者，仅属暂时性质，与其所属人民，鲜有结交机会，况为推事者，应极力避免地方上之关系，结交其所属人民固不宜也。

依余所研究各国在立法上与实际上公证人之候选人，一经任命为某城或某市之公证人后，便终身居住于该地，非似公务员与推事之可彼此调动。此种终身性，在多数国家，系出"公证人职业"之制度；按此制度，公证处与公证费所得之收入构成一种专业，先由国家将此专业出卖于最初之权利人，该权利人于其退休时，得再为出卖。即在未有此种制度之国家，公证人职业规则中，亦无公证人可以调动之规定。惟意大利《公证法》（第十七条）准许公证人经公会及主管高等法院同意后，得互相调换；但该法律规定公证人为终身职一项（第十六条）与加拿大格白省之《公证法》第五条及土耳其《公证法》第三条之规定无异。

哥伦比亚州（华盛顿）《公证法》第十二条规定公证人之任期为五年；摩洛哥法律准许调换公证人之驻在地；此二者洵属例外情形。

余意司法行政部如欲在中国各地设置一种堪为人民服务之公证机关，似不宜以公证职务委诸司法或行政人员办理，而亟应仿照各国成例以公证人为一种专门职业，妥慎遴派，同时绳之以严厉纪律并使受法院监督。关于此类规定，日本一九〇八年之法律，似为最惬人意。

公证处之设，在中国既属新创，中国人民对此自须相当时日方能了解，故在开办之始，似不妨使用临时处置，即将该处之事务，先委法院书记官（非推事）办理。盖书记官之职务，一部分与公证人之职务相似，而并不发生公证人与推事间所生根本上之矛盾。一俟书记官所办之公证事件稍见增多，充当公证人者得有充分收入；资以为生时，则可将此种书记官易为正式公证人矣。

在法、德、西班牙、土耳其、日本、加拿大各国，对于公证人之职务，均以依照一定价目所收之公证费为酬报。——就余调查所得，各国几一致若是。——公证处如有众多之主顾时，则公证人可因其公证费之纯得，获得丰厚之利益。此种现象，在公证人具有特别才能而可招徕生意者固属常见；而于某管辖区域内，就其人口及财富为比例，公证人之人数不足时，收入尤为可观。是项收入之总额，如超过相当限度，政府自可在收入过半之地，添设公证处；惟此种办法，害及既得之权利，恐难于实行耳。

为欲统制公证事务及避免以上之弊病起见，摩洛哥政府（法兰西殖民地）曾以公证人为一种公务人员，此种人员，不但由国家任命，由国家给与报酬，且每人于定额之薪俸外，尚可于其所收之公证费内，抽出若干成数；至于公证费之主要部分，则由公证人缴于国库。若是，公证事务之发达，于国库方面，亦有裨益。

此类制度，在中国似可采用，以折中暂行规则之制度与公证人在财政上完全独立之制度。盖在该制度之下，公证人成为一种脱离法院而独立之职业，而司法职务与公证职务不可并合之问题，亦因此解决矣。"

此意见均系评述本条与后条立法之失，并拟具改革之计划。

司法行政部民事司之意见："原意见书主张公证事务应依一般立法例，由以公证人为业之人办理，惟在创办时期，委由法院书记官为之，亦非所妨，其理由有四：即（一）公证人有为当事人之利益指导当事人之义务，此项指导，应由以公证人为业之人为之，如由推事为之，则与法官中立不倚之地位相悖；（二）公证处推事所作成之公证书，有被审判庭否认之虞；（三）以公证人为业之人多认识请求人，推事则否；（四）书记官之地位与推事不同，无（一）（二）两项矛盾情形，将来得以此项书记官为以公证人为业之人。惟（一）依现在法院情形而论，推事有兼办登记事件者，有兼办调解事件者（指《民诉法》施行前而言）依其职务之性质而各异其地位似无不可。（二）因《民事诉讼法》采用自由心证主义，公证书无拘束推事之效力，纵有原意见书所述结果，亦不足异，例如法院所为之不动产登记由同法院否认其登记之权利者往往有之是也。（三）原规则第十七条之规定，正所以弥补推事不认识请求人之缺陷。（四）现在法院书记官学识有限，办理公证事务恐难胜任，仍以仿照登记机关办法，由推事主持其事为当，惟在试办期间以内，对于公证人才确有训练之必要。"

此意见系言现行法之得，并批驳宝道评述之不当。

综上观之，两者各能自圆其说，盖前者对于公证制度欲采独立主义，后者采并合主义，故发生不同之见解。但制定法律，须视其国情而定，不可一概而论。我国国民知识浅薄，难与东西各国并驾齐驱，故关于公证制度，目下似采并合主义为是。观诸欧西各国，在创办之时，与特殊情况之下，采此主义者亦不乏先例。如法兰西在一七九一年以前之公证制度，及意、日、土耳其、普鲁士等国之现行法例外规定，其制作证书之权亦属于裁判官是。至并合主义，尚有下列优点：

（一）法院办理公证事务，不致受外界恶环境之包围；

（二）法院办理公证事务，由推事为之，因推事具有专门法律学识，实有驾轻就熟之便；

（三）法院办理公证事务，虽愚夫愚妇亦不致受欺；

（四）对于具有执行名义之公证书，由推事作成较公证人作成为妥；

（五）推事办理公证事务，法院易于监督；

（六）推事办理公证事务，免得训练公证人才及考试之烦；

（七）推事办理公证事务，易于公证制度之推行；

（八）推事办理公证事务，使人民得生确信心。

四　实务

○○地方法院布告○字第○号

案奉○○高等法院训字第○○○号内开：案奉司法行政部寒电开，兹拟定本年○○月○○日为○○地方法院及○○地方法院施行公证日期，以期一律，除分令外，仰转饬○○地方法院积极筹备，如期施行等因，奉此，合行令仰该院长遵照，积极筹备，如期施行具报，此令等因，奉此，遵即筹备就绪，于院内设立公证处，自○年○○月○○日起，开始办公，除呈报并分函外，合亟粘贴公证制度浅说一份，先行布告，嗣后凡关于缔结契约等法律行为，或其他关于私权得丧移转之事实，毋庸来院声请备案，均应以书状或言词请求本院公证处作成公证书，或认证私证书，俾得有公证力之保护，免除将来一切之纠葛，事关施行新制，保护私权，仰阖境人民一体知照，特此布告。

院长○○○

第二条　公证事务，由司法行政部指定地方法院推事专办或兼办。前项推事有事故时，地方法院院长得派其他推事代理。

一　注释

本条规定办理公证事务人员之任用及其代理。

办理公证事务之人员，采独立主义之国家，由公证人办理，采并合主义之国家，由推事办理。又采独立主义者，关于公证人之任用，各国立法例亦微有不同，如意大利由公证人会推荐后，以敕令任命之，法兰西及美利坚均须经司法部长推荐，由总统任命之，荷兰由国王任命之，日本及普鲁士均由司法部任命之。至其任用之资格，又有积极与消极之分，积极资格，如日本《公证人法》有如下之规定：

"非具下列条件不得任为公证人：（一）帝国臣民成年以上之男子；（二）经一定考试合格后，以公证人见习资格实地练习六月以上者。（日本《公证人法》第十二条）有推事检察官律师资格者，不经考试及实地练习，得任为公证人。（日本《公证人法》第十三条）"

至其消极资格，日本《公证人法》亦有如下之规定：

"下列之人不得任为公证人：一、曾判处禁锢以上之刑者，但处二年以下禁锢之刑执行终了，或不受执行者，不在此限；二、受破产或家资分散之宣告尚未复权者；三、禁治产者及准禁治产者；四、因惩戒处分被免官免职或依照律师法除名尚未经过二年者。（日本《公证人法》第十四条）"

其他各国立法，亦有相类似之规定，如法兰西《公证人法》第三十五条至第四十二条等规定是。

至采并合主义者，关于办理公证事务推事或书记官之任用，由司法部任命或由国王敕令任命之。如日本《公证人法》及意大利《公证人法》有如下之规定：

"地方裁判所管辖区域内不置公证人时，或公证人不能行使其职务时，司法省得令地方裁判所办理该管辖区域内公证事务。（日本《公证法》第八条）"

在不置公证人之区域内，得以敕令将公证人之职务委托公证人之候选人，治安裁判所之书记官，县长或县政府之秘书办理，但不得委托推事。（意大利《公证人法》第六条）

我国公证制度采并合主义，故办理公证事务由推事专办或兼办，而其任用，须由司法行政部指定之。至关于办理公证事务推事之资格，只须有推事之资格已足，故公证推事之资格，应依《法院组织法》第三十三条之规定，兹录其条文如下：

"推事及检察官非有下列资格之一者，不得任用：

一、经司法官考试及格并实习期满者；

二、曾在公立或经立案之大学，独立学院，专门学校教授主要法律科目二年以上，经审查合格者；

三、曾任推事或检察官一年以上，经审查合格者；

四、在公立或经立案之大学，独立学院，专门学校修习法律学科三年以上得有毕业证书，并曾任荐任司法行政官，办理民刑事件二年以上者；

五、执行律师职务三年以上经审查合格者；

六、曾在教育部认可之国内外大学，独立学院，专门学校毕业，而有法学之专门著作，经审查合格，并实习期满者。"

所谓公证事务，指推事作成公证书，认证私证书与交付公证书及附属文书之缮本，暨准驳请求阅览公证书原本等事务而言（第四条，第三十九条，第三十二条参照）。所谓专办，指推事办理公证事务，不兼其他职务而言。所谓兼办，指由办理其他职务之推事，兼理公证事务而言。例如办理民事审判事务之推事，兼办公证事务是。

公证事务固由司法行政部指定地方法院推事专办或兼办地方法院院长无指定之权。倘该指定之推事有事故时，若不求权宜之计，恐公证事务无形停顿，有碍请求人之利益非鲜。故本法得许地方法院院长派其他推事代理，此本条第二项之所由设也。

所谓推事有事故时，例如推事因疾病，停职，免职，转调，回避及有其他婚丧喜庆事故之请假时是。所谓其他推事，不限于候补，实任，或刑庭，民庭之推事均包括之。至院长派其他推事代理之方式，以院令行之，此为当然之解释。又所谓代理，指代理公证事务而言，若原有推事事故消灭回任或另有推事指定时，其代理权亦因之而消灭。其代理权消灭之方式，亦应以院令行之。至代理人于职务上签名时，依本条文理上解释，应解为应记载其为代理人及所代理之推事职衔姓名为是。盖办理公证事务之推事，须由司法行政部指定之故；但就事实上论，代理人对于代理之职务须自己负责，仍应解为毋须冠以代理人之名义较为妥洽。

关于代理公证事务之制度，各国立法例因其所采主义之不同，亦有相异之处，采独立主义之立法例，凡公证人因疾病或其他不得已事由不能执行职务时，得嘱托同一区裁判所管辖区域内或比邻区裁判所管辖区域内之公证人代理之；但应立向其所隶属之地方裁判所所长报告，解除代理时亦同。倘不能依嘱托代理或不能嘱托代理时，其所隶属之地方裁判所所长，应派本区裁判所管辖区域内或比邻区域裁判所管辖区域内之公证人代理之（日本《公证法》第六十三条，第六十四条参照）。采并合主义之立法例者，则不得由办理公证事务人员自行嘱托他人代理，须由法院院长委派，即本条之立法例是也。

二　立法例

土耳其公证人法

某地因收入之不敷，不能指派公证人者，得命地方上司法人员，于其本职务外，兼任公证人之职务。（第十二条）

意大利公证人法

在不置公证人之区域内，得以敕令将公证人之职务委托公证人之

候选人，治安裁判所之书记官，县长或县政府之秘书办理，但不得委托推事。（第六条）

日本公证人法

区裁判所管辖区域内无公证人或公证人不能执行职务时，司法大臣得令区裁判所于其管辖区域内执行公证人职务。

前项推事有障碍不能执行职务时，得令裁判所书记官办理公证人事务。（第八条）

公证人隶属于地方裁判所

各地方裁判所所属公证人之员数，由司法大臣按照各区裁判所管辖区域定之。（第十条）

公证人由司法大臣任命，并指定其所隶属之地方裁判所。（第十一条）

非具备下列条件不得任为公证人：

（一）帝国臣民成年以上之男子；

（二）经一定考试合格后，以公证人见习资格实地练习六月以上者。

考试及实地练习之规程由司法大臣定之。（第十二条）

有推事检察官律师资格者，不经考试及实地练习，得任为公证人。（第十三条）

下列之人不得任为公证人：

（一）曾判处禁锢以上之刑者，但处二年以下禁锢之刑执行终了或不受执行者，不在此限；

（二）受破产或家资分散之宣告尚未复权者；

（三）禁治产者及准禁治产者；

（四）因惩戒处分，被免官免职或依照律师法除名尚未经过二年

者。（第十四条）

公证人因疾病或其他不得已事由不能执行职务时，得嘱托同一区裁判所管辖区域内，或比邻区裁判所管辖区域内之公证人代理之。

公证人依照前项规定嘱托代理时，应立向其所隶属之地方裁判所长报告，解除代理时亦同。（第六十三条）

公证人未依前条第一项嘱托代理，或不能嘱托代理时，其所隶属之地方裁判所长，应派本区裁判所管辖区域内或比邻区裁判所管辖区域内之公证人代理之。

公证人能执行职务时，地方裁判所长应撤销前项代理。（第六十四条）

法兰西公证人法

公证人由第一执政官任命，应向执政官请领任命书，其住居地点，即于书内载明。（第四十五条）

比利时公证人法

如因故障而致州内无一公证人，或仅有公证人一人能执行职务时，若遇前项列举以外之证书，而须紧急制作者，当事人得特别请求治安裁判官，允其选定邻州之公证人一人制作之。治安裁判官之允许命令，应记载于请求书之末，一并黏附于公证保存之，请求书及治安裁判官之命令，一律免除印花税及登记税，证明请求理由之证书及文件，得不黏贴印花及登记，向治安裁判官提出之。（第五条第九项）

三　理　论

关于本条立法上之得失如何，已在前条（第一条）理论栏内评述甚详，毋庸再赘。于兹尤有研究之处，即对于代理推事之权限及其责任应有明文规定之。盖此种代理与私法上之代理不同，私法上之代理人于代理权限内，以本人名义所为之意思表示，直接对本人发生效力（《民法》第一百零三条参照）。惟此之所谓代理，系以自己名义代理他人职务，故其权限与被代理之推事权限相同，而其责任亦由自己（代理推事）负担，似以明文规定之为是。

又地方法院院长派其他推事代理之时，应立向司法行政部呈报，解除代理时亦同；但其代理期间在十日以内者不在此限。盖办理公证事务之推事，由司法行政部指定，若长时间之代理而不呈报，不啻地方法院院长之职权与司法行政部无异。故余意关于此项亦应以明文定之，似较周密。

第三条　公证处得设书记官辅助推事，办理公证事务。

一　　注释

本条规定书记官之设置。

公证事务依前条之规定，应由司法行政部指定之推事办理，固无问题，惟指定之推事有限，而公证之事务烦琐，若不赖他人之辅助，势必发生事实上之困难。故本法仿日本立法例，特为明定公证处办理公证事务，得设书记官辅助推事，俾收事半功倍之效。

此之书记官，虽明示辅助推事办理公证事务，然公证处属于法院之中，故关于《法院组织法》第四十七条服从长官之命令执行职务，第四十八条委任书记官非经书记官考试及格，或曾修习法律学科二年以上，得有毕业证书者不得任用等规定，亦应适用。

书记官辅助推事办理公证事务，依本条之文理解释，书记官为辅

助之人，对于办理公证事务，对外不负责任。但经办事件，应守秘密。（第十二条参照）

辅助推事办理公证事务之书记官，究否由司法行政部指定？抑由地方法院院长指定？依本条与前条比例观之，当然解为由地方法院院长指派之为是：但其关于书记官之任用，仍属于司法行政部，此不可不注意也。

书记官之辅助推事办理公证事务之程度如何？本法无明文规定，依当然解释，公证事务须由推事自身执行者，不得使书记官辅助，若公证事务可由他人代为者，则得由书记官辅助。至其事务之性质，何者属于前者？何者属于后者？须就各个事件定之。兹就本法关于须由推事亲自处理之公证事务分列如下：

（一）拒绝请求人之请求。（第五条）

（二）有无回避原因之判断。（第八条）

（三）审核证明书之真伪。（第十七条）

（四）命通译在场。（第十八条）

（五）命见证人在场。（第十九条）

（六）审核授权书之真伪。（第二十条）

（七）审核允许同意之证明书。（第二十一条）

（八）审核见证人及证人是否合法。（第二十三条）

（九）证书原本之作成。（第二十四条、二十五条、第二十七条）

（十）推事之签名盖章。（第二十八条、第二十九条、第三十条、第三十六条、第三十八条、第四十条、第四十一条、第四十四条）

（十一）应否准许阅览公证书原本之判断。（第三十二条）

（十二）审核请求阅览公证书原本之证明书。（第三十二条）

（十三）应否交付正本之判断。（第三十五条）

（十四）应否交付缮本之判断。（第三十九条）

（十五）私证书之认证。（第四十三条）

以上所举，均须推事亲自处理之事务，不能使书记官代为之，又其他法令中规定，不得代为之者，尚属不少，亦须注意及之。至其可由他人代为之公证事务，在本规则及本规则施行细则，有下列各款：

（1）登记簿之记载。（第三十四条）

（2）公证书正本之作成。（第三十六条）

（3）公证书节录正本之作成。（第三十七条）

（4）公证书及其他附属文书之缮本或节本之作成。（第四十条）

（5）认证簿之编制。（第四十五条第四十六条）

（6）公证收件簿之登载。

（7）声请公证文件收据存根簿之登载。

（8）公证收费簿之登载。

（9）公证费收据存根簿之登载。

（10）发还公证证件簿之登载。

（11）公证书正本缮本节本交付簿之登载。

（12）公证文件阅览簿之登载。

（13）抗议事件簿之登载。

（14）公证文件档案簿及索隐簿之登载。（《公证暂行规则施行细则》第七条）

以上各款规定，其事务虽以办理公证事务之推事为之为原则；但可由辅助之书记官代为之，此亦应注意之处。

二　立法例

日本公证人法

公证人经其所隶属之地方裁判所长之认可，得置书记官辅助执行职务。

前项之认可，于必要时，得随时撤销之。（第二十四条）

三　理论

依照日本《公证人法》第二十四条之规定，公证人经其所隶属之地方裁判所长之认可，得置书记官辅助执行职务，此项认可，于必要时得随时撤销之。本法无认可及撤销之规定。余以为本法可毋庸规定。盖日本之公证法采独立主义，本法采并合主义。采独立主义，恐公证人及书记易生流弊，非由法院监督不可，法院既有监督之权，对于书记之设置自有认可及撤销规定之必要。采并合主义者，对于书记官之任用及惩奖已有各种法令规定，故可从略。

第四条　推事因当事人或其他关系人之请求，得就法律行为或其他关于私权之事实，作成公证书或认证私证书。

前项请求，得以言词或书面为之。

一　注释

本条规定推事之职权，及请求之方式。

私权之被侵害，固可依民事诉讼以救济之，而其证明须有确实之证据方法，否则，使法院曲直难分，则私权之被侵害者不能保护，或时有被侵害之虞，欲图补救之法，惟有于诉讼未发生以前，使其权利有保障之证明，故本法许当事人或其他关系人之请求，得就法律行为或其他关于私权之事实，由推事作成公证书或认证私证书，俾人民之私权得以确实，并法院得以减少诉讼。此本条第一项之所由设也。

　　法律行为，原属民法范围，非此处所能详述；然作成证书，于法律行为为最重要之问题，不得不明其概念，兹择其要者约略述之如下：

　　1. **法律行为之意义**　　法律行为之定义如何？民法无明文规定，学者间亦各异其见解，然普通学说则以法律行为以意思表示为要素，法律克如表意人所欲，使发生私法上效果之法律要件。兹就其意义分析说明如下：

　　（A）法律行为为一法律要件　　法律行为为发生私法上效果之原因。易言之，即为私权发生变更及消灭之原因。私权变动之原因，固不以法律行为为限；但法律行为实为各原因中之最重要者。

　　（B）法律行为以意思表示为要素　　意思表示，即所谓效果意思之表示。效果意思之表示，乃为法律事实，非即为法律行为，故法律行为必以意思表示为不可缺之要素。

　　（C）法律行为以发生私法之效果为目的　　私人行为有生公法之效果，有生私法之效果。民法上之法律行为，以发生私法之效果为目的。至法律行为之效果，不仅以直接发生权利义务之得丧变更为限，即间接影响权利义务之得丧变更，亦为法律行为。

　　（D）法律行为之效果系克如表意者所欲而发生　　由法律行为所发生之法律效果，以基于行为人之意思表示为特征，一切法律效果，既为法律所赋与，则法律行为之法律效果，亦必为法律所赋与。然法律所赋与法律效果之理由，常不一致，有从当事人之所欲而赋与之；有不问当事人之意思为何，而由法律认定之。前者为法律行为，后者为非法律行为。法律行为为私法上之自治行为，必须含有所欲之精神作用，故法律行为之效果，系法律克如表意者所欲，而使之发生。此为法律行为与其他法律上之行为区别之标准，亦即法律行为之特征。法律既有此特征，不仅与不法行为不同，即与事实行为及准法律行为亦有差异。

2. **法律行为之种类**　法律行为之分类，兹举其重要者如下：

（一）单独行为，双方行为，共同行为。

所谓单独行为，即由一方之意思表示而成立之法律行为，易言之，毋须得相对人之同意即可发生效力。例如遗嘱及捐助行为等是。所谓双方行为，即由双方之意思表示一致而成立之法律行为。例如买卖，互易，交互计算，赠与，租赁，借贷，雇佣，承揽等是。又称之为契约。所谓共同行为，即由同一内容，同一意义之意思表示之合致而成立之法律行为。亦称协议行为。例如社团法人之设立行为，土地共有人共同设定地役权之行为是。

（二）死后行为，生前行为。

此种分类，以效力发生之时期为标准。死后行为，即因当事为一方死亡而发生效力之法律行为，亦云死因行为。例如遗嘱，遗赠等是。生前行为，即死后行为以外之一切法律行为。例如买卖，赠与，租赁，借贷等行为是。

（三）要式行为，不要式行为。

此种分类，以意思表示有无法定形式为标准。要式行为，即必依一定方式始能成立之法律行为。例如遗嘱，婚姻，票据等是。不要式行为，即不须经一定方式即得成立之法律行为。易言之，指方式自由之法律行为。

（四）有偿行为，无偿行为。

此种分类，以当事人所为之给付是否有对价关系为标准。在以财产之给付为目的之法律行为中，凡有对价关系者，为有偿行为。其无对价关系者则为无偿行为。买卖，借贷，雇佣等行为为有偿行为。使用借贷，无偿赠与，遗赠等行为为无偿行为。

（五）要因行为，不要因行为。

此种分类，乃以给付行为是否得与其原因分离为标准。就以给付财产为内容之法律行为而论，事实上须有给付财产之原因始能成立者，谓之要因行为。亦称有因行为。通常债权行为属之。事实上不须有给付财产之原因亦得成立者，谓之不要因行为，亦称无因行为。通常物权行为，准物权行为，及票据行为属之。

（六）有相对人之行为，无相对人之行为。

此种分类，乃以意思表示有无特定相对人为标准。有相对人之行为，即以对于特定之相对人而表示为必要之法律行为。例如撤销，承认，解除等是。无相对人之行为，即不以对于特定之相对人而表示为必要之法律行为。例如捐助行为，遗嘱等是。

（七）主行为，从行为。

此种分类，乃以法律行为是否基因其他法律行为而成立为标准。凡法律行为以有他种法律行为或他种法律关系之存在为前提而始成立之法律行为，是为从行为，亦称从的法律行为。其为从行为之前提之法律行为，则为主行为，亦称主的法律行为。例如质权设定契约为债权之从契约，夫妇财产契约为婚姻之从契约是。

（八）独立行为，补助行为。

此种分类，乃以法律行为自身是否含有独立性为标准。凡有独立之实质内容之行为是为独立行为。反之，仅为完成他种独立效力之条件者，则为补助行为。例如同意及允许是。

（九）债权行为，非债权行为。

此种分类，乃以法律行为发生效果之种类为标准。债权行为，以欲发生债权债务之效果为要素之法律行为。此种行为，有为契约者，如买卖，借贷，合伙等是，有为单独行为者，如特定名义之遗赠是。非债权行为，以欲发生债权债务以外之效果为要素之法律行为。其中又可分为二种：（A）物权行为，即使直接发生物权得丧变更之效果之法律行为。例如所有权之让与，他物权之设定是。（B）准物权行为，即物权行为以外之非债权行为。例如债权之让与，债务之免除，著作权之让与等是。

（十）完全行为，不完全行为。

此种分类，以效力能完全发生与否为标准。完全行为，即能完全发生效力之法律行为。不完全行为，即不能完全发生效力之行为，其中复可分为三种：（1）无效之行为，即完全不能生效之法律行为；（2）得撤销之行为，即不能确定有效之法律行为；（3）其他不完全行为，例如附停止条件法律行为，无权代理行为等是。

（十一）设权行为，变权行为，废权行为，保权行为。

此种分类，以私权之发生，变更，消灭及保存或确定为标准。设权行为，即以发生权利为标准之法律行为。例如物权之设定。变权行为，即以变更权利为标准之法律行为，例如权利之让与。废权行为，即以消灭权利为标准之法律行为，例如债务之免除。保权行为，即以保存或确定已存之权利为标的之法律行为，例如得撤销行为之承认。

3. **法律行为之要件**　法律行为之要件可分为下列二种：

（一）成立要件　成立要件，即法律行为成立时所不可缺之要件。此项要件，有一般成立要件与特别成立要件之分。特别成立要件，即各种法律行为所应特别具备之成立要件，例如在要物行为，则以授受某物为成立要件是。一般成立要件，即为一切法律行为所不可缺之要件，例如意思表示为一切法律行为之成立要件是。

（二）有效要件　有效要件，即已成立之法律行为发生效力时所不可缺之要件。此项要件又有一般有效要件与特别有效要件之分。特别有效要件，即法律就各种法律行为特别规定之要件，例如遗嘱须于遗嘱人死亡时始能发生效力。一般有效要件，即一切法律行为所共通之要件，此种要件，可分为三种：（1）行为人须有行为能力；（2）法律行为须有适当之内容；（3）意思须与表示一致或无瑕疵。兹将其一一分述如下：

（A）行为人须有行为能力。

一、无行为能力人　无行为能力人无论其为未满七岁之未成年人或禁治产人，其意思表示均为无效。（《民法》第七十五条前段）无行为能力人对于财产上之一切行为，不得自为或自受意思表示，必须由法定代理人代为或代受意思表示，方生效力。（《民法》第七十六条）又虽非无行为能力人，而其意思表示，系在无意识或精神错乱中所为者，亦认为无效。（《民法》第七十五条后段）

二、限制行为能力人　限制行为能力人为意思表示及受意思表示，应得法定代理人之允许。限制行为能力人未得法定代理人之允许所为之单独行为无效。限制行为能力人未得法定代理人之允许所订立之契约，须经法定代理人之承认始生效力；但纯获法律上利益，或依其年龄及身份日常生活必需者之意思表示及受意思表示，得不经法定代理人之允许。又限制行为能力人已得法定代理人允许处分之财产或独立营业，限制行为能力人就该财产或关于其营业有行为之能力。此为例外之规定也。（《民法》第七十七条、第七十八条、第七十九条、第八十四条）

至法定代理人之权限有二：（A）能力补充权，（B）代理权。所谓能力补充权，即允许权及承认权之总称，法定代理人对于限制行为能力人自为或自受意思表示，得与以允许，是为允许权。法定代理人对于限制行为能力人未得允许之契约，得与以承认，是为承认权。所谓代理权，即法定代理人得代为或代受意思表示，使其效果直接归属于限制能力人。

对于限制行为能力人固已尽其保护，而对于相对人亦应兼顾保护之。即限制行为能力人未得法定代理人之允许所订立之契约，相对人得定一个月以上之期限催告法定代理人，确答是否承认。若于此期限内法定代理人不为确答者，视为拒绝承认。限制行为能力人于限制原因消灭后，承认其所订立之契约者，其承认与法定代理人之承认有同一效力。又限制行为能力人所订立之契约未经承认前，相对人得撤回之；但订立契约时知其未得有允许者不在此限。至限制行为能力人用诈术使人信其为有行为能力人，或已得法定代理人之允许者，其法律行为为有效。（《民法》第八十条至第八十三条）

（B）法律行为须有适当之内容

一、内容可能　所谓内容可能，即构成私法上效力之事项须为可能。换言之，即法律行为以实现不能之事项为标的，则为无效，可能系对不能而言，故可能之意义，可由其反面不能之意义定之，兹将其意义略述如下：（一）物理上之不能与法律上之不能，前者乃从物理见解而认为不能；后者乃从社会观念而认为不能。此所谓不能，当从后义解之。（二）主观之不能与客观之不能，前者乃不能之原因，存于当事人之一身之事情，亦称相对之不能；反之则谓客观之不能，亦称绝对之不能。此所谓不能，乃专指客观之不能。客观之不能，即仅须通常人居行为人之地位，系属不能，即为不能。（三）天然之不能与拟制之不能，前者乃因事物性质而为不能，例如挟泰山以超北海之类是；后者乃因法律规定而为不能，例如让与不融通物，或设定法律所未规定之物权等是。（四）原始不能与后发不能，前者乃法律行为成立时，其内容事项即已不能实现；后者乃法律行为成立后，其内容事项始变为不能实现。

法律行为之内容，苟为实现不能之事项，即欲发生私法上之效力，亦无从发生。故法律行为以实现不能之事项为标的，当然无效，（《民法》第二百四十六条参照）至内容是否可能？自应以行为时为标准，行为时如为不能，虽至后日变为可能，亦不能认为有效；但其不

能情形可以除去，而当事人并预期于不能之情形除去后为给付者，其契约仍为有效。（《民法》第二百四十六条但书）

二、内容确定　所谓内容确定，虽不以唯由当事人之意思表示全然确定为必要，必须意思表示，法律规定，交易习惯，及社会事情得以确定，方可发生私法上之效力。若法律行为以如何事项为内容，在现时既未确定，在日后亦不确定，是即缺乏法律应赋与法律效果之对象。例如买卖价金与卖品，如为不确定，其契约即不得成立。

三、内容合法　内容须为合法，亦为一般有效要件中之一，兹略为分述于下：

（甲）内容须不违反强制或禁止之规定。即法律行为违反强制或禁止之规定者，无效。例如违反《民法》第十三条，第九百八十条，第一千〇八十四条，第一千一百三十八条之强制规定，与违反《民法》第十六条，第十七条，第一百八十四条，第六百〇五条，第九百八十五条之禁止规定等是。但其规定并不以之为无效者，不在此限。（乙）内容须不违反公共秩序与善良风俗。即法律行为有悖于公共秩序或善良风俗者，无效。（丙）内容须不显失公平。即法律行为系乘他人之急迫轻率或无经验使其为财产上之给付或为给付之约定，依当时情形，显失公平者，法院得因利害关系人之声请，撤销其法律行为或减轻其给付。（《民法》第七十一条，第七十二条，第七十四条）

（C）意思须与表示一致

有效之法律行为，其意思与表示必须一致，乃为民法上一大原则。意思表示不一致有二：（一）因故意而不一致，如真意保留及虚伪表示等是；（二）因无意而不一致，如错误及误传等是。其详细内容，俟后节说明之。（《民法》第八十六条至第九十八条）

4. 法律行为之方式　法律行为可分要式与不要式之分。法律行为本以不要式为原则，惟因特别理由，有由法律或契约定明须一定方式者，不可不有例外规定。例如订婚是。故我国《民法》上规定，法律行为。不依法定方式者，无效；但法律另有规定者，不在此限。（《民法》第七十三条）

5. 意思表示　意思表示有广狭二义，广义包括公法私法，狭义仅指民法，此之所谓意思表示，指后者而言。

意思表示依《民法》上之观察，又有如下之分类：（一）要式之意思表示（《民法》第一千一百八十九条，第四十七条，第六十条），与不要式之意思表示；（二）明示之意思表示与默示之意思表示（《民法》第八十条，第一百七十条）；（三）独立之意思表示（遗嘱）与不独立之意思表示（买卖）；（四）有相对人之意思表示（契约、允许、承认）与无相对人之意思表示（悬赏广告，遗嘱）；（五）本人之意思表示与他人之意思表示（代理）；（六）须发之意思表示（契约解除，法律行为之撤销）与不须发之意思表示（捐助行为，遗嘱）；（七）须受之意思表示与不须受之意思表示。

意思表示之成立，有下列三要素：（一）效果意思，即效果意思，非仅有对于效果之认识，亦非以单纯之观念为已足，乃以有欲生效果之心理作用为必要。（二）表示意思，即欲将效果意思向外表示之意思。详言之，指表意人使其存于内部之意思（效果意思），与现于外部之行为（表示行为）相联络之心理作用。（三）表示行为，即使效果意思得由外部认识之身体上之动静。表示行为，须具二要件：一、主观要件，即该行为须本于意识作用；二、客观要件，即由该行为须足以推知内部之效果意思。

以上所说，不过说明意思表示之意义，种类及要件而已，若欲明其实质，须依《民法》之规定而为研究，兹约略分述之：

（A）真意保留　真意保留，即表意人无欲为其意思表所拘束之意而为意思表示者，其意思表示，不因之无效；但其情形为相对人所明知者，不在此限。（《民法》第八十六条。）

（B）虚伪之意思表示　即表意人与相对人通谋而为虚伪意思表示者，其意思表示无效；但不得以其无效对抗善意第三人，如虚伪意思表示，隐藏他项法律行为者，适用关于该项法律行为之规定。（《民法》第八十七条）

（C）错误之意思表示　即意思表示之内容有错误或表意人若知其事情即不为意思表示者，表意人得将其意思表示撤销之；但以其错误或不知事情，非由表意人自己之过失者为限。倘当事人之资格或物之性质，若交易上认为重要者，其错误视为意思表示内容之错误。（《民法》第八十八条）

（D）传达不实之意思表示　即意思表示因传达人或传达机关传达不实者，得比照《民法》第八十八条之规定撤销之。（《民法》第八十九条）

（E）不自由之意思表示　即因被诈欺或被胁迫而为意思表示者，表意人得撤销其意思表示；但诈欺系由第三人所为者，以相对人明知其事实或可得而知者为限，始得撤销之。至被诈欺而为之意思表示，其撤销不得以之对抗善意第三人。（《民法》第九十二条）

（F）意思表示效力发生之时期　即对话人为意思表示者，其意思表示以相对人了解时发生效力。若非对话而为意思表示者，其意思表示以通知达到相对人时发生效力；但撤回之通知，同时或先时到达者，不在此限。表意人于发出通知后死亡或丧失行为能力，或其行为能力受限制者，其意思表示不因之失其效力。至向无行为能力人或限制行为能力人为意思表示者，以其通知达到其法定代理人时，发生效力。又表意人非因自己之过失不知相对人之姓名居所者，得依《民事诉讼法》公示送达之规定，以公示送达为意思表示之通知。（《民法》第九十四条至第九十七条）

6. 条件及期限　条件与期限，在法律行为附款中居重要之地位。所谓附款，即系以限制或变更由一定之法律行为通常所生之效果为目的，而附加之部分，以附款本身原是独立存在之性质，惟属于法律行为中之偶素耳。兹分述之：

（A）附条件之法律行为　附条件有附停止条件与附解除条件之分：停止条件，指条件未成就时，其法律行为之效力即停止发生；解除条件，指在条件成就后，使法律行为归于消灭。故其二者之效力，附停止条件之法律行为，于条件成就时，发生效力；附解除条件之法律行为，于条件成就时，失其效力。惟依当事人之特约，使条件成就之效果，不于条件成就之时发生者，依其特约。（《民法》第九十九条）

（B）附期限之法律行为　期限是依当事人之意思使一定法律行为之履行或其效力之消灭，系诸将来确定届至之事实之附款。期限有始期与终期及确定与不确定之分。其效力，即附始期之法律行为，于期限届至时，发生效力；附终期之法律行为，于期限届满时，失其效力。（《民法》第一百二条）

7. 代理　所谓代理，即代理人以本人名义所为之意思表示，而使其效力直接归属于本人之行为而言也。兹将代理之概要略述如下：（一）代理之类别，有法定代理与意定代理；有无限代理与有限代理；有积极代理与消极代理；有无权代理与有权代理等类之分。（二）代理之能力及意思表示，即代理人所为或所受意思表示之效力，不因其为限制行为能力人而受影响。至代理人之意思表示，因其意思欠缺，被诈欺，被胁迫，或明知其事情，或可得而知其事情，致其效力受影响时，其事实之有无，应就代理人决之；但代理人之代理权系以法律行为授与者，其意思表示，如依照本人所指示之意思而为时，其事实之有无，应就本人决之。（三）双方代理之限制，即代理人非经本人之许诺，不得为本人与自己之法律行为，亦不得既为第三人之代理人而为本人与第三人之法律行为，但其法律行为，系专履行债务者，不在此限。（四）代理权之限制及撤回，即代理权之限制及撤回，不得以之对抗善意第三人；但第三人因过失而不知其事实者，不在此限。（五）代理权之消灭，即代理权之消灭，依其所由授与之法律关系定之。至代理权得于其所由授与之法律关系存续中撤回之；但该法律关系之性质不得撤回者，不在此限。（六）无权代理，即无代理权人以他人之代理人名义所为之法律行为，对于善意之相对人负损害赔偿之责。（《民法》第一百〇三条至第一百一十条）

8. 无效及撤销　法律行为因成立要件欠缺，以致确定不能发生效力，谓之无效。若已成立之法律行为，尚欠缺有效条件，因而法律上特定之人得除去其效力，谓之撤销。兹将两者分述如下：（一）无效之法律行为，即法律行为之一部分无效者，全部皆为无效；但除去该部分亦可成立者，则其他部分仍为有效。又无效之法律行为，若具备他法律行为之要件，并因其情形可认当事人若知其无效即欲为他法律行为者，其他法律行为仍为有效。（二）撤销之效力，即法律行为经撤销者，视为自始无效。（三）撤销之方法，即撤销及承认应以意思表示为之，如相对人确定者，其意思表示应向相对人为之。（《民法》第一百一十二条至第一百一十六条参照）

综上观之，可以知法律行为之概要，若欲更为详细研究，应就《民法》及其专著参考之。

所谓关于私权之事实，指关于法律行为以外之私权事实而言。惟此公权之事实，不在本范围内，只限于私权之事实。盖推事于关法律行为固得作成证书，但其他关于私权之事实，亦有作成证害之权限。方足以保障人民之私权，而免国家及当事人之讼累。兹将其概要分述如下：

1. 私权之意义　私权指私法上之权利而言。易言之，即由非统治关系而生之身份利益与个人利益之谓也？

2. 私权之分类　私权之分类，依其观察点不同，而其类别亦异，兹分述之：

（A）依权利内容而分类

（一）财产权　财产权之定义，学说不一。依一般通说，谓财产权者，乃得与人格分离之权利，即人格权身份权以外之权利而言。财产权又有如下之分类：

（甲）物权　物权即以直接在物上享有一定利益为内容之权利。如所有权，地上权，永佃权，地役权等是。

（乙）准物权　准物权即非以有体物之使用，收益，及处分为目的之权利，而法律视为物权。如准占有，准共有，权利质等是。

（丙）无体财产权　无体财产权即存于精神之制作上之权利，或以无形之利益为目的之权利。如著作权，特许权，意匠权，商标权等是。

（丁）债权　即以特定人之特定行为为目的之权利；详言之，即债权人对于债务人要求其为作为或不作为之权利，《民法债编》中所规定之权利等是。

（二）可能权　可能权即由自己一方之行为得享受法律上效果之权利，亦称得有权，或能权，例如准物权中之矿业权，渔业权及后述之形成权中之承认权，取消权，解除权，抵销权，终止契约权；选择权，利息滚入元本之权利皆属之。

（三）人格权　人格权即以与权利人之人格不可分离之利益为标的之权利，其性质为绝对权，且为专属权。例如生命权、身体权、自由权、名誉权、贞操权、信用权、肖像权、职业权等属之。职业权更可分为营业权、竞业禁止权、非卖同盟权、雇入封锁权、同盟罢工权等。

（四）亲属权　亲属权即以由亲属关系所生之利益为标的之权利。

易言之，即有一定身份之人格者始得享有之权利，故亦称身份权。例如亲权、子权、夫权、妻权、家长权、家族权等属之。

（五）继承权   继承权有两种意义：（1）继承开始后之继承权；（2）继承开始前之继承权。前者与继承权之意义适合，后者不过为一种期待权，而非真正之权利。

（六）社员权   社员权即社团法人之社员对于该法人所有权利之总体。例如表决权，执行业务权，监督权，请求分配利益权均属之。

（B）依权利之作用而分类

（一）支配权   即权利标的得为特定行为之权利。例如物权，无体财产权等是。

（二）请求权   即以请求他人为一定行为，或不为一定行为为内容之权利。请求权又有物之请求权与相对请求权之分，前者如物权，无体财产权，亲属权等而生之请求权是。后者如由债权，社员权等而生之请求权是。

（三）抗辩权   即拒绝现存请求权使不能履行之权利，易言之，即拒绝请求权人请求给付之权利。故又称为对抗权，否认权，给付拒绝权，防卫权等是。

（四）形成权   即由一方之意思表示，以发生法律上效果之权利，易言之，即由一方之行为以创设，变更，消灭其他权利，或使生其他法律上之效力。例如先占权，先买权，法律行为之同意允许承认权，撤销诉权，抵销权，选择权等是。

（C）依权利之相互关系而分类

（一）原权与救济权   原权系不待他人有侵害行为而原来存在之权利。救济权乃因侵害原权时所发生之回复原状及损害赔偿请求权。此种分类，为英美学者所主张。

（二）主权利与从权利   主权利乃不从属于他权利而能独立自存之权利，又称为独立权利。从权利乃以他权利为其成立及存在之要件之权利，又称为从属权利。

（D）依权利与主体之关系而分类

（一）专属权　即常属于权利人一身，不得处分之权利，例如身分权是。

（二）非专属权　即非专属于权利人一身，而可处分之权利，例如财产权是。

3. 非法律行为之私权事实之意义　非法律行为之私权事实，指法律行为以外，足以发生私权之取得，变更及丧失之事实而言也。事实一语，包括至广，即凡宇宙间所发生之一切现象均得称为事实。如人类日常生活之行动，以及天灾地变，均是。惟此所谓之事实，指法律上之事实而言，即发生私权得丧变更原因之事实之总称。凡私权之得丧变更，必基于一定之事实，方发生一定之结果，其结果为法律上之变动，其原因为法律上之事实。法律上之事实，大别之得分为人为之事实与自然之事实，基于人为之事实称之曰人之行为，自然之事实，称之曰不基于人类意思之事实，兹列表以明之：

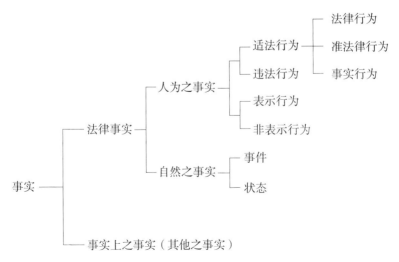

依此表之分类，略述其概梗如下：

（一）法律事实　法律事实之分类，最为繁复，有因单一之事实而成，例如出生死亡；有由数个之事实而成，例如设定质权；有为偶然之事实，例如落雷而丧失物之所有权；有为特定之事实，例如因时效取得权利；有为积极之事实，例如诉讼之提起；有为消极之事实，例如期间之经过。法律事实最重要而最普通者，为人为之事实，及自然之事实两种，兹分述之：

A. 人为之事实　人为之事实，或称人之行为。行为不限于积极之举动，即消极之静止亦属之，前者谓之作为，后者谓之不作为。惟此说明限于私法，不及公法上之范围，兹分类如下：

一　适法行为与违法行为

（1）适法行为　适法行为，系适应法律而法律所容许之行为，此种行为复可分为下列三种：

（甲）法律行为　法律行为乃以意思表示为要素之法律事实。例如契约，共同行为及单独行为等是。（详前法律行为说明）

（乙）准法律行为　准法律行为，即具有一定之精神作用，而不以效果意思为要素之行为。例如观念表示，感情表示，及请求表示等是。

（丙）事实行为　事实行为，即须有人身之举动，而不以精神作用为必要之行为。例如无主物之先占，遗失物之拾得，埋藏物之发见等是。

（2）违法行为　违法行为，系违反法律而为法律所不容许（禁止）之行为。违法行为，可分为不法行为及债务不履行二种：债务不履行，乃债务人侵害债权之行为，惟《民法》对于债务不履行，特设明文，自不适用侵权行为之规定。所谓不法行为，即基于人之故意或过失而侵害他人权利之行为，亦称侵权行为。

二　表示行为与非表示行为

此种分类，乃以行为人之意思之内容是否明确向外部表示为标准。所谓表示行为，即行为人以欲发生法律效果而向外部表示之行为。反之，则为非表示行为。前述法律行为与准法律行为，均为表示行为，事实行为，则为非表示行为。

B. 自然之事实　自然之事实，即不由于人之精神作用之事实，亦称狭义之事实，此事实又可分为事件与状态两种：

一　事件

事件有关于人之事件，与关于物之事件两种，前者例如出生死亡（《民法》第六条参照），继承开始（《民法》第一一四七条参照），混同（《民法》第三四四条参照），不当得利（《民法》第一七九条参照）等是。后者例如天然孳息之分离及物之新生消灭等是。

二　状态

状态有关于人之状态与关于物之状态两种，前者例如年龄，心神丧失，生死不明，及某事实之知或不知（《民法》第一二条，第一四条，第八条，第八六条，第八八条，第九一条，第九二条参照）等是。后者如邻地毗连、附合、混合、加工（《民法》第七九三条，第八一二条，第八一三条，第八一四条参照）等是。

（二）事实上之事实　事实上之事实，指法律事实以外之其他事实而言。例如气候之寒热，社会上之道德行为，市面之盛衰，人之饮食及步行，以及天灾地变等是。

总之，本条所谓关于私权之事实，指违法行为与适法行为中之事实行为，及自然之事实，足以发生私权得丧变更之事实而言。至事实上之事实，虽不在本范围内，但间接足以发生私权之效果者，亦应解为得作成证书之事实。又公权之事实，例如法令公布之事实，及各种议员选举之事实，不在本范围内，此不可不注意也。

关于法律行为以外之其他私权之事实，其种类颇多，已如前述，而其事实有时须作成公证书之必要，理应格外加以注意，惟为阅者易于明了起见，特列举如下：

（一）出生死亡；（《民法》第六条）

（二）继承开始；（《民法》第一一四七条）

（三）混同；（《民法》第三四四条）

（四）不当得利；（《民法》第一七九条）

（五）天然孳息之分离；（《民法》第六九条，第七〇条）

（六）物之新生或消灭；

（七）年龄；（《民法》第一二条）

（八）心神丧失；（《民法》第一四条）

（九）生死不明；（《民法》第八条）

（十）某事实之知或不知；（《民法》第八六条，第八八条，第九一条，第九二条）

（十一）邻地之毗连；（《民法》第七九三条）

（十二）附合；（《民法》第八一二条）

（十三）混合；（《民法》第八一三条）

（十四）加工；（《民法》第八一四条）

（十五）无主物之先占；（《民法》第八〇二条）

（十六）遗失物之拾得；（《民法》第八〇三条至第八〇七条）

（十七）埋藏物之发见；（《民法》第八〇八条）

（十八）漂流物或沉没品之拾得；（《民法》第八一〇条）

（十九）故意或过失不法侵害他人权利；（《民法》第一八四条）

（二十）共同不法侵害他人权利；（《民法》第一八五条）

（二十一）公务员违背职务致第三人之权利受损害；（《民法》第

一八六条）

（二十二）无行为能力人或限制行为人不法侵害他人权利；（《民法》第一八七条）

（二十三）受雇人因执行职务不法侵害他人权利；（《民法》等一八八条）

（二十四）承揽人不法侵害他人权利；（《民法》第一八九条）

（二十五）动物加损害于他人；（《民法》第一九○条）

（二十六）土地上之建筑物或其他工作物因设置或保管有欠缺致损他人之权利；（《民法》第一九一条）

（二十七）不法侵害他人致死；（《民法》第一九二条，第一九四条）

（二十八）不法侵害他人之身体或健康；（《民法》第一九三条，第一九五条）

（二十九）不法侵害他人名誉或自由；（《民法》第一九五条）

（三十）不法毁损他人之物；（《民法》第一九六条）

（三十一）住所之设定或迁移；（《民法》第二○条）

（三十二）事务所或分事务所之设定或迁移；（《民法》第四八条，第六一条，第三一条）

（三十三）议事之经过情形；

（三十四）债务之履行与不履行；

（三十五）物之形状数量；

（三十六）间接足以发生私权之事实上之事实。例如天灾地变及不可抗力等情形是。

所谓公证书，指公务员依一定形式，于其权限内所作成之证书而言也。其与私证书，在实质上无稍差异，仅因作成证书者之资格而为区别。其详请参阅本法第十五条之说明。

　　所谓认证私证书，指公务员为确得私证书之成立，而附记某事项于证书内而成立之谓也。欲知其详，请参阅第四十三条说明。

　　当事人或其他利害关系人请求作成公证书或认证私证书之方法如何？不得不有明文规定，故本条第二项特为明定得以言词或书面为之，随请求人之便，无稍差别。所谓言词，指以口头向公证处请求而言。所谓书面，指以将请求之事实作成书状向公证处为之而言。

　　此外，尚须注意之处分述如下：

　　声请公证除以言词请求者外，应具声请书由请求人或其代理人于声请书内签名盖章或按指印。（《公证暂行规则施行细则》第一条第一项）

　　公证收件簿，应于每年一月一日更新之。（《公证暂行规则施行细则》第九条）

　　请求人为多数时，收件簿仅记载当事人之首列人姓名；及此外若干名，又遇此项情形，发给文件及费用之收据仅发给其一人。（《公证暂行规则施行细则》第十条）

　　公证事项，应由地方法院按季造具报告书呈送高等法院转报司法行政部备案。《（公证暂行规则施行细则》第十七条）

　　公证处推事之职权，固在本条规定，已如上述；但其他法令中属于其职权者，亦屡见不鲜，兹列举如下：

　　（一）本法规定之职权

　　1. 制作法律行为之公证书；

　　2. 制作关于私权事实之公证书；

　　3. 认证私证书。

　　（二）其他法令中所规定之职权

　　1. 公证遗嘱；（《民法》第一一九一条）

　　2. 密封遗嘱；（《民法》第一一九二条）

3. 拒绝证书；(《票据法》第一○三条)

4. 有瑕疵及易败坏物变卖之许可。(《民法》第三五八条第三项)

二　立法例

日本公证人法

公证人因当事人或其他关系人之嘱托，就法律行为或其他关于私权之事实，有作成公证书及认证私证书权限。(第一条)

法国公证人法

公证人系公吏，凡当事人应使或其证书及约据有公证之效力者，公证人应接受其委托，为之制作证书及确定其书据之年月日并保存其原本与发给正本副本。(第一条)

比利时公证人法

公证人为公务员，凡当事人应使或欲使其证书及约据有公证之效力者公证人应接受其请求，为之制作公证书，及确定其年月日，并保存其原本与发给正本副本。

(一九二七年四月十六日补充)除公务机关之权利外，仅公证人有主持不动产，年金债权及抵押债权之拍卖。此项拍卖，须售与出价最高及最后增价投票之人。(第一条)

德国联邦非讼事件法案

就法律行为作成裁判上证书，及裁判上就花押为认证者，由初级法院管辖。

就签名为公证者，除公证人外，由初级法院管辖，其依《民法》

第一七一八条及第一七二〇条第二项之规定，对于父子关系之认诺作成公证书时，亦同，父子关系之认诺在通知小儿出生时或在父母结婚时为之者，其证书之作成，并由作成出生或结婚证书之户籍官管辖。（第一六七条）

德国商法

股份有限公司及股份两合公司之股东全体会议，其决议须经作成证书后始生效力，证书之作成，应由裁判上或公证上就议事作成笔录。

笔录中应载明议事场所及日期，法官或公证人之姓名，以及决议之种类结果。

依第二五八条之规定造具全体会议参加人之名单，及依法召集会议之证书，应附添于笔录之后，如召集会议之证书，其内容记载在笔录中时，毋庸附添。

笔录应由法官或公证人批准，不需要证人之到场。

笔录之公证缮本，应于会议后由主席送交商业登记处，不许迟延。（第二五九条）

三　理论

法律之制定，皆视一国文明程度之高下以为基础。故其内容恒随社会进化而推移发展，公证法亦然。往昔公证制度，仅以制作关于法律行为之证书为主，迨后人事纷繁，公证之范围予以扩大，除关于法律行为外，至其他关于私权之事实，亦得请求作成公证书，甚或予以认证私证书。盖关于私权之事实，有足为法律行为前提之基础，有构成法律行为置要之内容，有为实行私权之必要条件，若欲图确保私权之成立及其实行，实有许当事人或其他关系人就此事实请求作成公证书或认证私证书之必要。本规则仿日、法、比、奥、德等国之立法例，除法律行为外，至其他关于私权之事实，均得请求作成公证书或认证私证书。实为现代立法上之一大进步。

四　实务

公证声请书

公证声请书	每份定价银五分 某某地院公证处发行
声请之标的	
声请公证之事项	
证明文件及参考事项	
公证费	
右　　　　呈 某某地方法院公证处公鉴	

中华民国　　年　　月　　日

声请人姓名性别年龄籍贯职业住所或居所　名　章

公证收件簿簿面

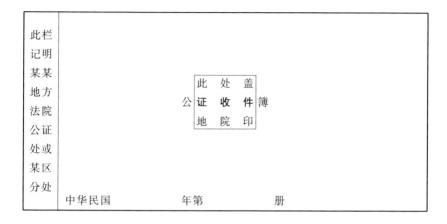

此栏记明某某地方法院公证处或某区分处

此处盖公证收件簿地院印

中华民国　　　年第　　　册

公证收件簿簿面之里面

本册除簿面共计二百页

某某地院院长某某　名　章

			同上	公				收件年月日	
			同上	证				收件号数	
			同上	收				收文件数	
			同上	件				姓名	请
				簿				住所或	求
			同上					居所	人
			同上	页页				声请之标的	
			同上					备考	

声请公证文件收据存根簿簿面

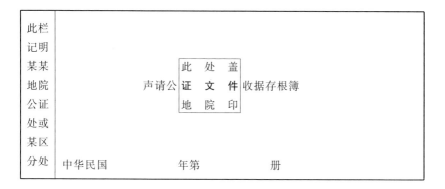

声请公证文件收据存根簿簿面之里面

某某地院院长某某　名　章

声请公证文件收据				
中华民国 年　月　日	收受文件 及件数	声请之标的	收件号数	收据号数
			第　　号	第　　号
			收件年月日	请求人姓名
某某地院 公证处书记官 某某 名章				

（每件均备上下二页一次书就下页作为存根）

公证文件档案簿簿面

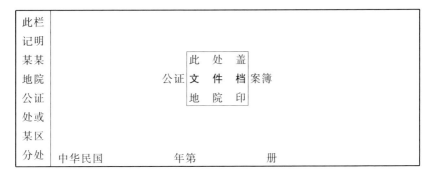

此栏 记明 某某 地院 公证 处或 某区 分处				
		公证	此　处　盖 **文　件　档**案簿 地　院　印	
	中华民国		年第	册

公证文件档案簿簿面之里面

某某地院院长某某　名　章

公证文件档案簿内用纸

年月日第号	年月日第号	年月日第号	档案号数	公证文件档案簿	年月日第号	年月日第号	年月日第号	年月日第号
			收件年月日及号数					
			请求人姓名					
			请求事由					
第册页第号	第册页第号	第册页第号	登记簿册页及公证书号数或认证簿册页号数		第册页第号	第册页第号	第册页第号	第册页第号
			文件种类及件数					
自页至页	自页至页	自页至页	页 数	页页	自页至页	自页至页	自页至页	自页至页
字第 号	字第 号	字第 号	卷柜号数		字第 号	字第 号	字第 号	字第 号
			备考					备考

公证文件索隐簿簿面

此栏记明某某地院公证处或某区分处	中华民国　　　　　　年第　　　　　　册 公证 |此　处　盖| 　　　|文　件　索|隐簿 　　　|地　院　印|

公证文件索隐簿簿面之里面

公证文件索隐簿目录

公证文件索隐簿内用纸

				公证书或私证书之种类	公证文件索隐簿					
				请求人姓名						
第册	第册	第册	第册	册数页数 ／ 档案簿		第册	第册	第册	第册	第册
第页	第页	第页	第页			第页	第页	第页	第页	第页
第号	第号	第号	第号	公证书或认证书号数	页页	第号	第号	第号	第号	第号
				备考						

发还公证证件簿簿面

此栏记明某某地院公证处或某区分处	发还公证[此处盖公证地院印]证件簿
	中华民国　　　年第　　　册

发还公证证件簿簿面之里面

<table>
<tr><td></td></tr>
<tr><td align="right">某某地院院长某某　名　章</td></tr>
</table>

发还公证证件簿内用纸

第号	第号	第号	第号	进行号数	发还公证证件簿	第号	第号	第号	第号	第号
年月日第号	年月日第号	年月日第号	年月日第号	收件年月日及号数		年月日第号	年月日第号	年月日第号	年月日第号	年月日第号
年月日	年月日	年月日	年月日	发还年月日		年月日	年月日	年月日	年月日	年月日
				姓名						
				住所或居所	请求人					
				证据件数	页页					
				备考						

公证事件季报表

公证事件季报表 自　　年　　月至　　月			件数	收入金额		备考
类别			件数	公证费	旅费	备考
法律行为	标的价额	五千元以下者		元	元	
	标的价额	逾五千元者				
	标的价额	逾五万元者				
	非依标的价额者					
	计					
关于私权之事实						
拒　绝　证　书						
认　　　证						
公证书载明应受强制执行者						
公证书正本缮本节本之交付						
阅　　　览						
其　　　他						
合　　　计						

第五条　推事非有正当理由，不得拒绝请求人之请求。

一　注释

本条规定推事不得无故拒绝请求。

当事人或其他关系人，得就法律行为或其他关于私权之事实，请求法院公证处之推事作成公证书或认证私证书。推事自收受请求后，除有正当理由外，不得拒绝请求人之请求，此所以促办理公证事务推事之注意，亦为确保人民之私权也。

所谓正当理由，如认其请求为违反法令事项及无效之法律行为，（第十五条参照）或声请书内未由请求人或其代理人签名盖章或按指印，（《公证暂行规则施行细则》第一条第一项参照）或推事不认识请求人及未提出证明书，（第十七条参照）或由代理人请求者，未提出授权书，（第二十条参照）或须得第三人之允许或同意之法律行为，未提出允许或同意之证明书，（第二十一条参照）认证私证书，当事人未于推事面前于证书内签名或盖章，或不为承认其签名或盖章（第四十三条参照）等是。若有此等情形之一，推事即得拒绝请求人之请求。

推事无正当理由，拒绝请求人之请求时，可适用第十三条之规定，提出抗议。其抗议应解为向原公证处之推事为之。公证处之推事，自接收抗议后，应于三日内将其抗议书连同关系文件，呈送地方法院院长核办，必要时，并可附具意见书。地方法院院长接收抗议后，应分别有无理由，速为下列之处分：（一）命公证处推事为适当之处分，（二）为驳回抗议之处分。如不服此项处分者，得自接受处分文件之翌日起五日内向上级司法行政监督长官声明之，惟对此上级

司法行政监督长官之处分，不得声明不服。（《公证暂行规则施行细则》第五条第六条参照）

拒绝请求人之请求，应解为以驳回请求之处分书行之。其驳回处分书之程式，本法亦未有明文规定，似应解为准用《民事诉讼法》第二百二十六条，第二百三十八条，第四百三十二条裁判书之规定为是。

二　立法例

日本公证人法

公证人非有正当理由，不得拒绝嘱托。（第三条）

法国公证人法

公证人系公吏，凡当事人应使或欲使其证书及约据有公证之效力者，公证人应接受其委托，为之制作证书及确定其书据之年月日并保存其原本与发给正本副本。（第一条）

第六条　请求人应依公证费规则，缴纳公证费。公证费规则另定之。

一　注释

本条规定公证费之缴纳

公证制度原为保护私权，由国家及当事人或其他关系人所为多数行为之连锁。既系国家及当事人多数行为之连锁，则自不得不需一定之费用。此项费用，是否须由国家负担？抑须由请求人负担，自不得不有明文规定。故本规则认请求人应缴纳公证费。盖人民既因公证受有利益，则设备公证之费用及因公证支出之费用，当令利用公证之请求人缴纳为当。

至令请求人缴纳公证费，亦不得不有标准，故本条明示依公证费规则缴纳之，俾请求人有所准绳，并免法院有滥收费用之弊。

所谓公证费规则，即民国二十五年二月十四日司法行政部公布之公证费用规则而言。兹将该规则择其要者，列表如下：

二   立法例

日本公证人法

公证人向嘱托人收受公费日费旅费。

公证人除前项所载者外，就其所办事件不得以任何名义收受报酬。

关于公费日费及旅费之规程以敕令定之。（第七条）

法国公证人法

公证人之公费，酬金，由该公证人与当事人双方协议定之，如双方不能议定，则由公证人居住地之民事法院，根据监查委员会之意见及公证人所开之账单定之。（第五十一条）

三　实务

征收公证费用一览表

公证费

（一）法律行为标的之价额

- 二百元未满 ………………………………… 一元五角
- 二百元以上 五百元未满 …………………… 三元
- 五百元以上 千元未满 ……………………… 五元
- 千元以上 三千元未满 ……………………… 九元
- 三千元以上 六千元未满 …………………… 十四元
- 六千元以上 万元以下 ……………………… 十九元
- 逾万元 每千元（不满千元者亦按千元计算）………… 一元
- 不能算定 视为五百元（其最低价额显逾五百元依最低价额计算　其最高价额显未满五百元依最高价额计算）………… 五元

（二）

1. 承认允许及同意
2. 契约之解除
3. 遗嘱全部或一部分之撤销
4. 曾于同一公证处作成公证书之法律行为之补充或更正
5. 密封遗嘱为法定方式之记载
6. 授权书催告书受领证书或拒绝证书

…… 二元

（三）

1. 关于私权之事实
2. 股东人会或其他集会之决议

按一小时（不满一小时者亦按一小时计算）…… 一元

（四） 交付公证书（或其附属文书）之正本（善本或节本）每百字（不满百字者亦按百字计算）二角……抄录费

（五） 阅览公证书原本（或其他文件）…… 每次…… 四角…… 阅览费

（六） 推事书记官出外执行公证职务

（七） 当事人请求送达文件

准用诉讼费用规则 ………… 旅费　送达费

注意事项

（1）公证费用应购贴司法印纸缴纳之

（2）公证处得命当事人预纳公证费用或提供担保当事人不预纳前项费用亦不提供相当担保者公证处得拒绝其请求

（3）公证处征收各费应发给定式收据

（4）法律行为标的之价额以推事开始制作公证书时之价额为准

（5）就主行为与从行为作成公证书者依主行为算定其公证费

（6）有担保债权之价额比较担保物之价额有多少时以其少者为准

（7）地役权之价额以需役地所增之价额为准但供役地所减之价额多于需役地之所增者以所减之价额为准

（8）地上权永佃权之价额以一年租金之二十倍为准但其地价少于一年租金之二十倍者以其地价为准

（9）典权之价额以其典价为准但其产价少于典价者以其产价为准

（10）租赁权之价额以其权利存续期间内之租金总额为准其未定有权利存续期间者以两期租金之总额为准

（11）定期给付或定期收益之价额以其权利存续期间内之收入总额为准其未定有权利存续期间者以每期收入额之二倍为准

（12）孳息损害赔偿及费用系法律行为之附带标的者不并算其价额

（13）当事声请就法律行为及与其牵连之事实作成公证书者比较法律行为与事实所应征费之规定从其费额多者征收之

（14）当事人声请就数宗不相牵连之事实作成公证书者依其事实各别计算征收费用

（15）当事人声请就法律行为作成公证书并请载明应径受强制执行者依作成公证书所应征费之规定加倍征收费用

（16）当事人声请就私证书为认证者依作成公证书所应征费之规定减半征收费用

（17）公证费依法律行为标的之价额计算其总额不满一元者亦按一元计算

（18）未定公证费用之事项依其最相类似之事项征收费用

公证收费簿簿面

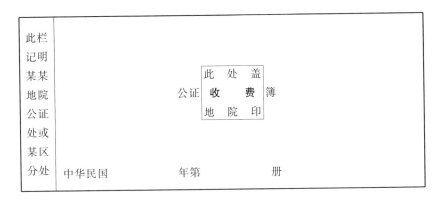

公证收费簿簿面之里面

公证收费簿内用纸

年月日第号	年月日第号	年月日第号	年月日第号	进行号数	公证收费簿		年月日第号	年月日第号	年月日第号	年月日第号	年月日第号
				收件年月日及号数							
				姓名 住所或居所	请求人						
				贴用印金额		页页					
				费别							
				备考							

公证费收据存根簿簿面

此栏记明某某地院公证处或某区分处

公证费　此处盖收据存地院印　根簿

中华民国　　年第　　册

公证费收据存根簿簿面之里面

某某地院院长某某　名　章

公证费收据存根簿内用纸

公证费收据			
	第　　号	收据号数	
	第　　号	收件号数	
中华民国　　年　月　日		请求人姓名	
某某地院公证处书记官某某　名章		声请之标的	
		收费数额	
		备　　考	

（本用纸备上下三页一次书就下页作为存根）

第七条　办理公证事务，应在公证处为之；但法令别有规定，或依事
件之性质，不能在公证处为之者，不在此限。

一　　注　释

本条规定办理公证事务之处所。

地方法院为办理公证事务设公证处，故办理公证事务，应在公证

处为之。此亦为办理公证事务人员之义务；惟法律行为或其他关于私权之事实，情状千变万化，若墨守此种绳规，难免不发生流弊，故本条又特设例外规定，许法令别有规定，或依事件之性质，不能在公证处为之者，不在此限。

所谓法令别有规定者，例如本法第四十二条第一项规定："第七条之规定，于作成公证遗嘱不适用之"是。盖遗嘱为遗嘱者死后发生效力之法律行为，大凡遗嘱之人，老衰疾病，死期将近者居多，倘遗嘱时须亲至公证处为之，事实上难免不发生许多困难，且遗嘱依法不得委托代理人为之，故本法特设便宜之规定。即遗嘱证书，除应在公证处为之外，则无论其在遗嘱者之住所居所为之亦无不可。

所谓依事件之性质，究指何种情形？此由办理公证事务之推事，就各个事件，凭自己之经验予以判断，固难一概而论。例如录取公司或其他社团总会之议事以作成公证书时，或推事就山林之面积形状及其树木之数量等事实而作成证书时等是。盖录取议事之经过情形，或证明山林之面积及树木之数量，非推事亲历其境，断难作成公证书之故也。

除法令上别有规定，或依事件之性质，得在公证处以外之处所为之外，虽当事人或其他关系人有病或其他事由，不能亲自到公证处，推事亦不得就当事人之所在地执行其职务，盖此时当事人可由代理人至公证处，为制作证书之请求。（第二十条参照）此不可不注意也。

二　立法例

日本公证人法

公证人依照司法大臣指定地设立事务所。

公证人须在其事务所执行职务，但事件之性质所不许，或法令别有规定者，不在此限。

公证人应居住于其事务所，但得司法大臣之许可者，不在此限。（第十八条）

第八条 关于推事执行公证职务之回避，准用《民事诉讼法》第三十条之规定。

一 注释

本条规定推事之回避。

公证之要，在于公正，若执行公证事务之推事，就各种法律行为或其他关于私权之事实作成公证书或认证私证书时，令人疑其未能公正，则损害公证之威信实甚，故设此规定，以杜绝其弊。

所谓回避，乃公证处之推事，依法于该公证事件，不得行使公证权，其原因详《民事诉讼法》第三十二条各款之规定。

所谓准用，与适用相对称，或名准据。指法律关于某事之规定时，即其他事项亦得以类推之作用，而准据该项法律规定而言也。

所谓《民事诉讼法》第三十二条之规定，即推事有下列各款情形之一者，应自行回避，不得执行职务：

（一）推事或其配偶，前配偶或未婚配偶，为该诉讼事件当事人者；

（二）推事为该诉讼事件当事人七亲等内之血亲，或五亲等内之姻亲，或曾有此亲属关系者；

（三）推事或其配偶，前配偶或未婚配偶，就该诉讼事件与当事人有共同权利人，共同义务人，或偿还义务人之关系者；

（四）推事于该诉讼事件，现为或曾为当事人之诉讼代理人或辅佐人者；

（六）推事于该诉讼事件，曾为证人或鉴定人者；

（七）推事曾参与该诉讼事件之前审判或公断者。

应行回避之推事而不回避，其作成之公证书或认证私证书依第十条之规定，当然不生公证效力。

二　立法例

日本公证人法

公证人有下列情形之一不得执行职务：

（一）为嘱托人或其代理人，或于嘱托事项有利害关系人之配偶，四亲等内之亲族，同居之户主，或家族者，其亲族关系消灭后亦同。

（二）为嘱托人或其代理人之法定代理人，或保佐人者。

（三）就嘱托事项有利害关系者。

（四）就嘱托事项为代理人或辅佐人，或曾有此关系者。（第二十二条）

法国公证人法

当事人中有公证人之直系亲属或姻亲或傍系之叔侄甥舅者，该公证人不能为之制作证书，其证书内载有利于公证人上述亲属之条款者，亦同。（第八条）

德国联邦非讼事件法案

法官，公证人，书记处证书官或证人如有下列情形者，不得参与作成证书：

（一）自己为当事人或当事人为其代理人；

（二）为当事人之配偶或过去之配偶；

（三）与当事人有直系或旁系二等血亲姻亲关系者；

（四）如当事人为代理人，而各该员与被代理人有第二三两款中揭示之关系者。（第一七〇条）

法官，公证人，书记处证书官或证人于下列各款之情形，不得参与作成证书：

（一）证书中之处分与其有利益时；

（二）因证书中之处分受有利益者与各该员有第一七〇条第二三两款中所揭示之关系时。

依前项应行回避之人参与作成证书时，如其标的为有利于第一项第二款所揭示之人之处分，则其证书之作成为无效。（第一七一条）

德国民法

于遗嘱中定为受遗人或对于受遗人有第二二三四条所载之关系者，于立遗嘱时，不得为法官，公证人，法院书记官或证人，参与其事。

依前项应回避者，如参与其事，则其对受遗赠人之赠与为无效。（第二二三五条）

三 理 论

对于本条立法上之得失，各家亦有评骘，兹列举如次：

宝道说：本条规定：关于推事执行公证职务之回避，准用《民事诉讼法》第三十二条之规定。

此处准用《民事诉讼法》第三十二条之规定，似属不妥。因推事执行公证事务之回避与当事人所得声请之回避，不可同日而语；前者为一种禁止规定，违犯是项禁止者，作成之公证书不生效力，此禁止之性质与第二十三条关于禁止为证人者，正复相同。

又《民事诉讼法》第三十二条所定某种情形之回避，对于公证事务恐不易吻合，例如该条第四款至第七款之规定，系关于推事以前曾参与于同一诉讼事件之问题，此种规定对于公证书之作成，究竟如何通用？吾人如以诉讼事件简单解之为事件，则因同一事件之关系而认为公证人以前曾作成抵押证书者，以后于债务人将该抵押品让与债权人以清偿其债务时，不得再就此行为作成公证书乎？或认为推事以前曾参与于确定不动产所有权之诉讼者，以后在执行公证人职务时，不得作成该不动产出卖之证书乎？苟如是，则何故应禁止公证人作成此类证书？殊不可解。

吾人固甚了解《民事诉讼法》第三十二条对于推事应行回避之规定，因推事关于其所应裁判之事件不得有利害关系之嫌疑。然公证人之职务系在观察事件之经过，作成与该事件有关之公证书，及为当事人之顾问，较诸推事之司法职务，迥不相同。

又第三十二条第四款之规定，应视为禁止公证人为当事人之代理人乎？

查中国近代之立法常用"准用某条法律规定"之文例：此种文例虽出自德国民法及日耳曼法制，余常视为不妥，余以为每一法律条文，在勿使条文之结构，过为冗长之可能范围内，应直接完全表示所欲说明之意旨；惟有彼此二条之情形，完全相符时，此条始可准用彼条之规定。然在两种不同之地位如推事与公证人者，条文上准用之方法，似有不妥并有危险之处。

余意与其用第八条之规定，宁以一种精确之条文，表示在何种情形，公证人不得执行职务。关于此点，日本《公证法》之第二十二条颇堪采用，但该条第四款之规定："公证人为或曾为该事件之代理人者不得执行职务"一节，似嫌过严，因"事件"二字，在公证事务上，可作各种不同之解释也。

　　意大利《公证法》第二十八条规定公证人有下列情形之一者，不得作成公证书：

　　（甲）如本人之妻或任何亲等之直系血亲或姻亲，或三亲等以内之旁系血亲或姻亲，以当事人或代理人，监护人或管财人之名义参与证书者；

　　（乙）如证书内包含各种条款与其本人有关，或与本人之妻，或前项亲等内之血亲或姻亲中之一人或其所代理之人有关者。

　　日内瓦之《公证法》，较此稍宽。该法第六条仅有如下之规定："公证人于本人之配偶，或任何亲等之直系血亲或姻亲或叔侄亲等以内之旁系血亲或姻亲为当事人时，或该证书内包含若干有利于己或有利于以上各人之一之条款时，不得作成公证书。"

　　法国之《公证法》第八条与前者大同小异；而土耳其之《公证法》制尤为宽大。该法第二十条仅有如次之规定："公证人对于本人，本人之尊亲属，卑亲属、兄弟、姊妹、妻或在本人处服务之人有直接或间接关系之事项，不得作成或认证任何证书。"

　　有推行公证制度之国家，每管辖区域内常有数公证人之设；今按暂行规则之规定，每管辖区域内，仅设一"推事公证人"。于此情形，第八条所定之禁止范围如过广大，则无数之人，除非造访邻近区域之公证人，恐不能获得一人为其作成公证书或认证私证书矣。

　　如该第八条之规定可改为一种精确之规定时，余颇赞成采用土耳其法律之方式。但在禁止项下可删去"在公证人处服务"之人，同时应加以"公证人不得在公证书上为主要当事人之代理人"一项。盖为代理人者，自应保护其所代表当事人之利益以对抗其他当事人之利益；若以代理人而行公证职务时，恐不免偏颇不公也。

　　此意见系言本条立法失当，并拟具修正各点。

　　司法行政部民事司之意见："准用意义本与适用不同，现行法典多采用此种文例，惟原意见书主张修正原案，另仿土耳其法为一种精确规定，就立法技术而论，自亦言之成理。"

此意见系签注宝道之意见，认其主张另仿土耳其法为一种精确规定为有理由，惟关于准用一点，以现行法典多采用此种文例，似无修改之必要。

总而言之，本条无修改之必要。盖准用非当然适用，即依事实性质相类似，而准据该项法律规定之谓也。我国对于准用文例，沿用已久，向无发生困难之处，而又足以免重复规定之烦，此法非不良也。至宝道谓："今按暂行规则之规定，每管区域内，仅设一推事公证人，于此情形，第八条所定之禁止范围如过广大，则无数之人，除非造访邻近区域之公证人，恐不能获得一人为其作成公证书或认证私证书矣"云云。查本法并无仅设一推事办理公证事务之规定，纵使以仅设推事一人而言，倘发生有回避之情形，该推事虽不能执行职务，地方法院院长得派其他推事代理之（第二条第二项参照），断不至于有发生造访邻近区域作成公证书之困难。

第九条　推事于职务上签名时，应记载某法院公证处及其官职。

一　注释

本条规定推事于职务上签名之程式。

推事对于办理公证事务，须签名后，方能发生效力，故其于职务上签名时，应将法院公证处及其官职一并记载明确。例如江苏上海第二特区地方法院公证处推事翁秦镜是。否则，仅签姓名，而不记载其他名称，难免推事与请求人见证人及证人等无所区别，而于作成公证书或认证私证书之法院公证处尤难分别。故本条特为明定之，促行使公证职务推事之注意也。

所谓推事于职务之签名时,例如作成公证书之签名(第二十八条第三项前段),再作成正本替代原本保存之签名(第三十一条第二项),公证书正本之签名(第三十六条),公证书及其附属文书之缮本或节录缮本之签名(第四十条),认证书之签名(第四十四条第一项)等是。

本条为训示之规定,倘行使公证事务之推事有违反者,该推事应受处分。至其所作成之文书,是否有公证之效力?余以为若仅签名其上而其他名称完全不为记载者,其作成之文书不生公证效力。若仅缺其一,而犹可推定者,仍应认其作成之文书有公证之效力为是。

二 立法例

日本公证人法

公证人于职务上之署名应记载其职名隶属及事务所所在地。(第二十三条)

第十条 推事作成之文书,非具备本规则及其他法令所定之要件,不生公证效力。

一 注释

本条规定公证文书生效要件。

推事于其职务上作成公证之文书,有公证之效力;但须具备本法及其他法令所定之要件而作成。否则,即不生公证之效力。盖推事于公证职务上作成之文书,乃对于私人相互间之权利行为,以国家一机关之资格，而介入其间，确保其成立及效力，故其作成文书，非具备有关系之法令所定要件，自难赋与法律上公证之效力。

所谓非具备本规则之要件，例如非具备本规则第七条，第八条，第十五条，第十六条，第十七条，第十八条，第十九条，第二十条，第二十一条，第二十三条，第二十四条，第二十五条，第二十八条，第二十九条，第三十六条，第三十八条，第四十条，第四十三条，第四十四条，第四十五条等规定之要件是。

所谓非具备其他法令所定之要件，例如非具备《公证暂行规则施行细则》第一条第一项，第十四条，第十五条等规定之要件是。

至其公证之效力如何？本规则除第十一条有明示执行力之规定外，为数甚鲜。兹就管见所及，约略说明如下：

1. 公证书之效力

公证书之效力，有实质上效力与形式上效力之分：

（一）实质上效力　公证书实质上之效力，即指公证书实质上之证据力与执行力而言。查各国之立法例，关于公证书证据力之规定，有如下例：

土耳其《公证法》第六十六条规定："公证书在任何法院，均享有公正力。"

土耳其《民事诉讼法》第二百九十五条规定："公证人依职权作成之公证书，在伪造之声明以前，为一种绝对之证据。"

格白省《公证法》第五条承认公证书具有公证之性质，且在《民法》第一二一○条规定："公正证书在当事人，当事人之继承人或法定代理人间，为下列事项之完全证据：

（一）在该证书内所表示之义务；

（二）凡在该证书所记载之条款内所表示之事项，但以此种记载与当事人在作成该证书时所意料之某种义务，或目的有直接关系者为限。"

又该国《民法》第一二一一条规定："公证书得因全部或一部之伪造，依伪造之声明，宣告撤销。此项伪造之声明应依民事诉讼法典所定之程序为之。"

意大利《公证法》第一条规定："公证书为享有公正力之文书。"又《民法》第一三一七条规定："公正证书，在伪造之声明以前，为各种约定及公证人所证明之事实证据。"

法兰西《公证人法》第一条规定："凡当事人应使或欲使其证书及约据有公证之效力者，公证人应接受其委托。"

法兰西大理院判例明示："公正证书无伪造之记入时，有证据力。"

由此观之，若非出于伪造，则具有完全证据力，我国前大理院三年上字第一〇九八号判例："公正证书虽应推定有完全证据力；但仍得举出反证。"又三年上字第三六一号判例："公正证书应以无反证为限，始得推定为真实。"等明定，亦认其有证据力；但法院得依自由心证判断之。易言之，于其实质上不免有不确实之情事。盖公正证书，仅证明当事人关于公证事项在公证人前所陈述之事为真实而已，当事人所陈述事实之本身是否真实？则依裁判官自由心证而认定之。观诸我国《民事诉讼法》第二百二十二条规定："法院为判决时，应斟酌全辩论意旨及调查证据之结果，依自由心证判断事实之真伪。"则可知之矣。

此外关于公证书因程序上之缺点不能成为公证书时，各国立法例又有如下之规定：

法兰西《民法》第一三一八条规定："因公证人之无管辖权，或无能力，或因程序上之缺点不能成为公正证书时，各该证书经当事人之签名，其效力与私文书同。"

土耳其《公证法》第七十三条规定："公证书之作成不合公证法

之规定者，成为普通文书而不得视为公证书。"

以此观之，足知法、土等国，关于公证书之作成，因有缺点时，若经当事人签名并具备法律上之要件者，对于此类之文书，亦认其有私证书之效力。

至关于公证书之执行力如何？各国立法例亦不乏先例，兹列举如下：

德国《民事诉讼法》第七百九十四条规定："强制执行有下列情形，亦得为之：其第五款谓：德国裁判所或德国公证人于其职权内依照成规之方式所作成之证书，但此证书须以一定金额之支给，或其他代替物或有价证券一定数量之给付为目的之请求书，而债务者在证书中承诺即时强制执行者为限，抵当权土地债务定期土地债务所发生之请求视为以金额之支给为目的之请求。"

又日本《民事诉讼法》第五百五十九条规定："强制执行于左列诸件亦得为之，其第五款谓：公证人于其权限内，依照成规之方式所作成之证书；但证书限于须以一定金额之支给或其他代替物或有价证券一定数量之给付为目的之请求，而记载即受强制执行者。"

本规则第十一条，袭取德日之立法例，亦有类似之规定。然日本多数学者，以公证人所作之证书，自现社会一般状态言之，其执行范围，不应限制如此之小，曾向法部提出意见，请求修改该条或删除该条第五款条文内之但书，惟至今尚未见实行。

（二）形式上效力　公证书形式上之效力，指认公证书为真正之成立而言。凡由执行公证事务之推事作成之公证书，在诉讼法上推定为真正之效力，当事人可毋庸举证。与私证书之举证者，若不证明其证为真正，原则上无何种证据力有别。又主张公证书为伪造或变造者，反有证明其伪造事实之责任，亦与私证书有别。观诸我国《民事诉讼法》第三百五十五条规定："文书依其程式及意旨得认作公文书者，推定为真正。公文书之真伪有可疑者，法院得请求作成名义之公署或公务员陈述其真伪。"德国《民事诉讼法》第三百四十四条规定："文书依其程式及意旨，得认作公文书者推定为真正。如前项文书之真伪有可疑者，法院得请求所载作成名义之公务员或公署，陈述其真伪。"则可知公证书在形式上推定为真正之效力；但他造当事人，若能证明公证书为变造或伪造时，则不在此限。

2. 认证私证书之效力

所谓私证书，指公证书以外之文书，（亦有例外）即无公务员参加，由私人所作成之证书而言也。所谓认证，指公证人为确保私证书之成立，而采用参与内容之方法，使私证书具有形式上效力而言也。惟认证私证书不因认证后而有公证书之性质，盖认证对于私证书仅为确保其成立之一方法，其私证书原不因此而变为公证书。其能有公证之效力，在于认证私证书之认证文（指推事所记载之认证文详本规则第四十三条第四十四条）因其具有公证书之性质，与认证之私证书分离，有独立之效力。认证文实质上效力，与他公证书相同，有完全证据力。形式上效力，亦与公证书之效力无异，无论何人当然有认为真正作成之效力。其理由与前公证书之效力同，兹不赘。今将认证私证书之效力分述之：

（一）实质上效力　私证书非因认证而有实质上之效力，认证之私证书，性质上依然为私证书，与单纯私证书之效力无异，法官得依自由心证，判断其真实与否，惟认证之私证书与单纯之私证书亦有不同之处，即经公证人认证之私证书，无论何人不得主张其证书之作成，在认证日期以后，而单纯私证书则无此依据。

（二）形式上效力　经认证之私证书，其签名者于推事面前签名盖章，或自认为其签名盖章等项事实，既有公证人记载之认证文，因是取得公证书之性质，完全有形式上之效力。此效力非私证书原有之效力，系因认证文之效力，而影响于私证书之故也。惟以此遂认其因认证而有形式上之效力，则属谬误，盖认证文之效力，与私证书经认证之效力，应分别观察，不可混而为一，方为恰当。

二　立法例

日本公证人法

公证人所作成交书，非具备本法及其他法律所定要件，无公正效力。（第二条）

法国公证人法

凡公证书，在裁判上均应认为真实，而在共和国领域内，均有执行之效力。

但对证书之虚伪，提起控诉时，如经诉追陪审团宣告应起诉者，即停止其执行，如在诉讼进行中，对于证书，附带提起虚伪之诉者，法院得依情节之严重性，命令暂行停止证书之执行。（第十九条）

凡公证书之制作，违反第六条，第八条，第九条，第十条，第十四条，第二十条，第五十二条，第六十四条，第六十五条，第六十六条及第六十七条之规定者，如无各当事人签名，一律无效，如已经各当事人签名，则只能作为私署证书，除此二者之外，如有损害并须由违法之公证人赔偿。（第六十八条）

三　理论

关于本条立法上之得失，各家有相持之意见，兹择其要者录之，以供阅者之参考，然后加以本人之评语：

宝道之意见：按本条之规定，推事作成之文书，非具备暂行规则及其他法令所定之要件，不生公证效力。

此项规定，见诸日本之《公证法》第二条，而且不论何国之公证法，或明示或暗示，无不如是规定。

但暂行规则中，除关于具有执行名义之公证书外，（第十一条）并未说明公证书之效力如何？及公证书之效力，究竟与私证书之效力有何区别？余意关于此点，亦应详为规定，否则当事人将无从见及公证程序与私证程序之利弊也。

在各国之立法，公证程序或为法定者，或为当事人自由采用者，例如在外国就一般情形而论，夫妇财产契约及不动产出卖之契约，均应以公证程序为之。如订立此类契约之公证书，因程序上之缺点不能生效时，则该契约本身亦为无效。反之，倘公证程序系由当事人自由采用者，则因程序上之缺点不能生效之公证书，如具备法律上对于私证书之效力所定之条件时，亦为有效，故法国《民法典》第一三一八条规定如下：

"因公证人之无管辖权或无能力或因程序上之缺点不能成为公正证书时，如该证书经当事人之签名，其效力与私文书同。"

意大利《民法典》第一三一六条，比利时《民法典》第一三一八条，格白省（加拿大）《民法典》第一二二一条均有类似之规定。

土耳其《公证法》第七十三条亦宣告公证书之作成不合公证法之规定者，成为普通文书而不得视为公正证书。

各国法律关于公证书之效力亦有特别规定。例如法国一八〇三年之法律第一条称公证书为公正证书；法国《民法典》第一三一九条谓"公正证书即该证书中所包含之当事人及其继承人或权利继承人间所为约定之证据。"

按该法典同条之规定，公正证书非经伪造之声明程序不受攻击。此种程序在法国系出自《民事诉讼法》第二百十四条至第二百五十一条之规定。

声明伪造便是主张被攻击之证书系出于伪造，换言之：

（一）或主张该证书为绝对伪造者，全部伪造者，一部变造者，或证书上之签名为伪造者；

（二）或主张作成该证书之公证人曾于证书内登载各种伪造或违背当事人意思之条款者。

此种情形与中国《新刑法》第二百十一条，第二百十三条及二百十四条所定之情形略同。

然伪造之声明程序，常不能轻易开始；因伪造一经证实，刑事法庭即有管辖之权而被告之人于是须受严刑处罚；反之，如不能证实为伪造时，按《民事诉讼法》照第二百四十六条之规定，败诉之原告人除处罚锾及赔偿损害外，尚可因诬告之罪而受诉追。

在法国，关于声明伪造之诉讼，因此极少。且在普通情形，对于公证书内之记载亦鲜有异议，故此种证书，在法国享有一种特殊权威，而一般人民使用之者亦极普遍。

又土耳其《公证法》第六十六条规定公证书"在任何法院，均享有公正力"；土耳其《民事诉讼法》第二百九十五条规定"公证人依职权作成之公证书，在伪造之声明以前，为一种绝对之证据"。

意大利亦然，意大利《公证法》第一条承认公证书为享有公正力之文书，而且《民法典》第一三一七条规定公正证书，在伪造之声明以前，为各种约定及公证人所证明之事实证据。

格白省亦有类似之条文，该省之《公证法》第五条承认公证书具有公正证书之性质，且在《民法典》之第一二一○条内尚有如下之说明："公正证书在当事人，当事人之继承人或法定代理人间，为下列事项之完全证据：

（一）在该证书内所表示之义务；

（二）凡在该证书所记载之条款内所表示之事项，但以此种记载与当事人在作成该证书时所意料之某种义务或目的有直接关系者为限。"

又该民法典第一二一一条规定：

公正证书得因全部或一部之伪造，依伪造之声明，宣告撤销。此项伪造之声明应依《民事诉讼法典》所定之程序为之。

在格白省，伪造之声明程序系出自《民事诉讼法典》第二百二十五条至第二百三十五条之规定。

日本《民事诉讼法典》第三百二十三条亦曾宣告公证书为公正文书。但关于日本之立法，敝处未有充分之参考材料，究竟此类公正文书具有若何证据力，不敢臆断。

瑞士情形略有不同。瑞士各州之《公证法》虽规定公证书为公文书，但瑞士联邦之《民法典》第九条仅有如下之规定：

各种登记簿及公文书，为该登记簿或公文书所证实而未经证明为不确之事实证据。

证明该事实为不确之证据方法，不受任何特别程序之限制。

对于此种规定之效果，露茜及门达二氏（Rossel et Mentna）曾为注释如下："吾人可用任何合法之方法以证明公文书内所证实之事实为不确；例如在联邦及各州之诉讼程序范围以内，书证，人证，鉴定，宣誓，各种方法，均可采用，因此公文书所受之待遇与私文书无异；然私文书在其本身，并不能为真实之证据，而且法律上对其所推定暂时之真实，一经否认或误认，便成子虚。"

如上所述，可见瑞士公证书所享有之证据力远不如法国或意大利之公证书矣。

德国之制度与瑞士之制度相似。（阅德国一八九八年之《民事诉讼法典》第四百十五条至第四百十六条）

在中国，各种文书，按法律规定，须经公证程序者，屈指一计，不过下列数项：

《民法典》第三百〇八条所规定之公认证书；

《民法典》第一一九一条所规定之公证遗嘱；

《公证暂行规则》第十一条中具有执行名义之公证书。

纵有其他证书遗漏未计，为数恐亦有限，故除在以上各项之情形外，欲使一般人民采用公证程序，愿意缴纳公证费且经过繁杂手续，非先使其预见公证程序之利益不可。此种利益，即在公证书之效力，而第十条中却未予以确定。

总而言之，在公证规则中亟应使一般人民知悉公证书之效力若何；此外尚应规定公证书因程序上之缺点不能生效者，如经当事人之签名并具备法律上，对于此类文书之效力所定各种其他条件时，亦有私证书之效力，盖私证书寻常在法律上不失为有效之文书，若因作成公证时有一无资格之证人在场（比喻）而致成为无效，则此无效之公证书，尚不如寻常未经公证程序之私证书矣。"

此说系评述本条立法上之失，并拟具改革之计划。

司法行政部民事司之意见："原规则第二章之公证书，系《民事诉讼法》第三五五条之公文书，第三章之私证书，系《民事诉讼法》第三五八条之私文书，均有一种公证力，（长谷川平次郎《公证人法论纲》第三六三页）当事人有依各该证书证明其权利为其正之利益。惟因《民事诉讼法》采用自由心证主义，此项证书并无拘束推事之效力。（前书第一九九页）原意见书以为法院作成或认证之文书有何效力，应有明文规定，（《民事诉讼条例》第四〇〇条，第四〇一条参照）似可认系本条解释问题。（关于公证书之效力与私证书之效力之区别参照前书第一九八页至二〇六页，第三五〇至三六四页）又原意见书主张仿照法国法例，对于欠缺法定要件之公证书，经当事人签名者，认有私证书之效力。查与原规则所定公证程序不合，此项情形，似可由公证机关指示当事人作成私证书请求认证。"

此意见系言现行法之得，并批驳宝道评述之不当。

总上观之，两说各有一部理由存在。即关于公证书之效力，以后说为是。盖公证书之效力及其与私证书之效力之区别，已在《民事诉讼法》第三百五十五条及第三百五十八条有明文规定，毋庸在本规则重设之必要。况观本条之规定，除非具备法定要件外，则生公证之效力，其理亦甚明显矣。

至关于欠缺法定要件之公证书，经由当事人签名者，认其有私证书之效力一点，前说较后说为妥。盖公证书欠缺法定要件，则失其效力，殊非保护私权之旨，况我国公证制度，正在试办之时，关于此点，尤有规定之必要，俾公证制度得以发达。

第十一条　就以给付金钱，或其他代替物，或有价证券之一定数量为标的之请求，所作成之公证书，载明应经授强制执行者，得依该证书执行之；但债务人提起异议之诉时，受诉法院得斟酌情形，命停止执行。

一　注释

本条规定公证书之执行力。

公证制度本为使诉讼减少及诉讼易于进行而设，如公证书之原因复杂，或不适用强制执行者，固不得径以强制执行行之，若其权义关系明确，无丝毫之疑义者，债务人任意不为履行，或无资力而怠于履行，此时既不须确定债权人债权之存否，则债权之所希望者，唯在速得强制执行之名义耳。故本规则不须依诉讼程序办理，而以简略之方法完结其事件，在当事人固甚利益，而法院亦甚为便利，此本条之所由设也。惟须合于以下条件，始得适用：

（一）就以给付金钱，或其他代替物，或有价证券之一定数量为标的之请求所作成之公证书；

（二）须公证书内载明应径受强制执行者。

所谓给付金钱，指应履行给付之标的物为金钱而言。金钱不限于金币，银币，则铜币，镍币（即辅币），纸币（即国币），银行券（即钞票）均属之。

所谓其他代替物，指对不代替物而言，以社会上之观念能否以同种同量之他物相替代为区别之标准，故凡以社会上之观念，如能以其种类品质或数量而指定之物，曰代替物，例如金钱食物等是。惟此所谓其他代替物，指金钱以外之其他代替物而言。此不可不注意也。

所谓有价证券，指凡财产权于证券上表示，而其证券与该财产权有不可分离之关系者而言。有价证券又可分为完全有价证券，与不完全有价证券，前者如汇票，本票，支票等是，后者如记名股票，公债票，仓单，船票等是。

所谓径受强制执行，指毋庸经过诉讼程序，即受强制执行而言。至其何谓强制执行？即谓执行机关依债权人之声请，或以职权对于应行强制执行之民事案件，用国家之强制力使债务人履行其义务也。通常乃由地方法院之民事执行处实施之。其性质为行政上之强制执行。我国对于强制执行法尚未施行，仍应适用《民事执行规则》及《补订民事执行办法》之规定。

公证书在一定条件之下固得请求径受强制执行；但债务人提起异议之诉时，虽法院已发强制执行命令，受诉法院亦得斟酌该事件之情形，命停止执行，以免他日多费手续之烦。

所谓债务人提起异议之诉，指债务人就执行标的物，足以排除强制执行之权利者，而向法院提起异议之诉而言。惟债务人提起异议之诉，必主张执行名义所载之请求实际并不存在，或毋庸清偿者，始得提起。如主张其请求已因清偿或时效而消灭，或债权人已允其展限清偿是也。且其主张为异议原因之事实，须以后所发生而后可（《补订民事执行办法》第八条参照。）

本条仅规定债务人提起异议之诉时，得命停止执行，而于第三人提起异议之诉时，无明文规定，依本条解释，似不得停止执行，殊令人莫解，其得失如何？容后理论栏内详论之。

于此以外，本条尚有应注意之处，兹列举如下：

1. 当事人声请作成公证书，载明径受强制执行者，只限于法律行为之事件得为之，如关于私权事实请求作成公证书，不得请求于公证书内载明径受强制执行，此不可不注意也。（《公证费用规则》第二十条参照）

2. 当事人声请就法律行为作成公证书并请载明应径受强制执行者，依作成公证书所应征费之规定加倍征收费用。（《公证费用规则》第二十条）

二 立法例

法国公证人法

凡公证人，在裁判上均应认为真实，而在共和国领域内，均有执行之效力。

但对证书之虚伪，提起控诉时，如经诉追陪审团宣告应起诉者，即停止其执行，如在诉讼进行中，对于证书，附带提起虚伪之诉者，

法院得依情节之严重性，命令暂行停止证书之执行。（第十九条）

公证书只有正本具名执行名义，其起结用语，与法院判决书同。（第二十五条）

德国民事诉讼法

强制执行，得因下列各款情形为之：

第五条，因德国法院或德国公证人，于其职务内，依规定程序作成之证书，但以支付一定金额或给付一定数量之他项代替物或有价证券为目的之请求权所作成之证书，及债务人在证书内承认受即时强制执行者为限，本于抵押权土地债务或定期金土地债务之请求权，亦视为以支付金额为目的之请求权。

依第七三七条，第七三九条，第七四三条，第七四五条第二项及第七四八条第二项之规定，须判决利害关系人容认强制执行者，因利害关系人在依第一项第五款作成之证书内，允诺对于其权利所在之物件，为即时强制执行以代判决。（第七九四条）

三　理　论

本条采法国《公证人法》第十九条及第二十五条，与德国《民事诉讼法》第七九四条之立法例。惟学说上亦有认本条之规定未见妥洽，兹录其立论如下：

宝道之意见：按本条之规定，某种公证书载明应受强制执行者，应依该证书执行之。此种规定实属良好，但因"在债务人提起异议时，受诉法院得斟酌情形命令停止执行"一节，本条之价值丧失殆尽。

执行名义之最大利益在于不用起诉，不用判决，而准许强制执行，换言之，具有执行名义之公证书与法院之判决书无异。

前司法行政部向立法院所提出之强制执行法草案，即是以具有执行名义之公证书视为判决书，故该草案第五条第四款将此种公证书置在各种得受强制执行之文书之列。但债务人对于强制执行倘得提起异议之诉，则于公证书内载明可以执行之条款，将毫无利益。盖债务人因自己不愿履行其义务致受强制执行者，终必极力利用现行法之规定，而提起异议之诉，以图拖延执行之时日，若于第一审不能达到其目的，则上诉于高等法院及最高法院亦在所不辞。

况第十一条中之斟酌情形一语，可使法院之权力毫无限制。在实际上法院所得斟酌之情形常为债权人所预料者；多数债权人即为预防此类情形起见，乃于公证书内取得债务人之同意载明可以执行之条款。今在第十一条规定之下，债务人于强制执行时必以其事实状况之不佳，即时给付之困难，以及强制执行对其所生之损害种种理由，陈述于法院；法院固可不接受此种种理由，然在法律上并不禁止其接受。因此第十一条所设之执行条款大部分等于具文。

尚有一点堪为注意：第十一条授予法院停止执行之权力，比法院在不具执行名义之债务方面所享有者，仍较广大。按中国《民法》第三百十八条之规定，在普通事件，法院于斟酌债务人之境况时，仅得许其于无甚害于债权人利益之相当期限内分期给付或缓期清偿；反之，在第十一条规定之下，法院于斟酌情形时，竟得给予债务人一种悠悠无期之期限，而致于债权人之利益，发生重大之损害。因此吾人对于第十一条原文如不欲加以修改，则于公证书中所载之执行条款内，应加以该条（第十一条）末段之规定，俾债权人对于执行条款之效力，不致奢望，并使之先知债务人得提起异议之诉，以达到停止执行之目的。然以管见所及，与其采取上项办法，不若将此第十一条末段之规定，完全删去，藉使具有执行名义之公证书与一般可以执行之判决，立于同等之地位。

最近司法行政部所起草之强制执行法草案，对具有执行名义之公证书，亦视如一般可以执行之判决，且在该草案中，并不见第十一条末段所为之限制。

以上所言，均评述本条立法上之失，并主张删去本条但书之规定。

司法行政部民事司之意见："原意见书所述理由虽属正当，惟其证书上之权利有瑕疵者，（例如无权代理伪造证据冒充本人是也）债务名义人有因执行受损害之虞，不可不设有保护债务人之规定，《公证暂行规则》起草在强制执行法草案以前，将来强制执行法施行，关于执行事项自应依该法办理。"

此说系对宝道意见之签注，说明在强制执行法未制定以前，不得不有但书之规定。余意对于但书之规定，亦应以删除为是，惟本条上段之文字，应加修正。试拟如下：

"就以给付金钱或其他代替物，或有价证券之一定数量为标的之请求，所作成之公证书，载明应径受强制执行者，其执行力与确定判决同。"

盖依此而为修正，非仅足以说明该证书之效力，并无须待强制执行法施行后再受该法办理解释之烦。（见司法行政部民事司意见末段）又依此修正，认其与确定判决有同一效力，其执行时所适用之法规，当可依《民事执行规则》办理，则他日强制执行法施行时，本条亦不至于受其影响矣。

又本条仅规定债务人提起异议之诉时，受诉法院得命停止执行，而于第三人提起异议之诉时，无明文规定，依本条文理上解释，似不得停止执行，殊令人莫解。余以为第三人提起异议之诉时，亦应许受诉法院得命停止执行为是。盖已经诉讼程序判决之执行时，既许第三人得提起异议之诉，而况于公证书仅凭请求人陈述之记载，若不许第三人提起执行异议之诉，并不许停止执行，似欠妥洽。

第十二条　公证处职员，除法令别有规定外，于经办事件，应守秘密。

一　注释

本条规定公证处职员应守秘密之义务。

公证处职员对于经办公证事件之中，其实质有为请求人及其他人之名誉有关者，有为与请求人及其他之人信用有关者，因公证处职员知之甚详，法律上若不明定经办之人有严守秘密之义务，则社会一般之人对于公证制度必难于信赖，其结果使人民对于日常事件多数不能利用公证机关之便矣。故本规则仿日，法等国之立法例，特设本条以明之。

所谓公证处职员，指办理公证事务之推事，书记官等而言。

所谓除法令别有规定外，例如本规则第十四条第一项下段推事作成之公证书，经法院或检察官调阅者。《民事诉讼法》第三百〇六条及《刑事诉讼法》第一百六十六条第一项以公务员为证人而就其职务上应守秘密之事项讯问，已得该监督长官之承诺或允许者等是。

违反本条规定，其泄漏秘密之职员，除应受公务惩戒处分外，并负刑事上之责任。即应负《刑法》第一百三十二条渎职罪之罪责，此为当然之解释。依此说明，《民事诉讼法》第三百〇七条第一项第四款及《刑事诉讼法》第一百六十九条之得拒绝证言之规定自不适用，应解为适用《民事诉讼法》第三百〇六条及刑事诉讼法第一百六十六条之规定为是。但他口公证制度改采独立主义时，其法条方得依前者之规定处理。

依法令别有规定，许公证处职员于经办事件，得不守秘密，固为本条所明示，惟当事人同意者，亦得解为得不守秘密，但请求人有二以上之人，须得全体之同意，若仅一部分之人同意，仍不得解为免除此义务。

二　立法例

日本公证人法

公证人除法律别有规定外，不得泄漏其所经办事件，但得嘱托人之同意者不在此限。（第四条）

法国公证人法

除有第一审法院院长命令外，公证人不能发给证书钞本或告知证书内容于利害关系人之本身及其继承人与权利人以外之人，违则处以百佛郎罚金，如有损害，并须赔偿；再犯者停职三月。但为执行关于登记税之法规及关于应在法院公布之证书之法律者，不在此限。（第二十三条）

三　理论

本条仅规定法令别有规定，于经办事件，得不守秘密。余以为由请求人及其利害关系人同意者，亦得不守秘密，关于此点，在本条内似有增订之必要。盖公证处职员，于经办事件，请求人或其他利害关系人，认为无严守秘密之必要，已得其同意者，可毋庸责令公证处职员，仍受此保守秘密之义务。

公证处之录事，其性质非公务员乃为受雇人，故不能以公证处之职员论。惟其关于推事及书记官经办事件，莫不知之甚详，余以为在本条内，亦应规定准用之明文，以杜学者之争议。

第十三条　推事办理公证事务有不当者，请求人或利害关系人得提出抗议。

前项抗议依关于司法行政监督之规定处理之。

一　注释

本条规定办理公证事务不当之抗议。

公证制度原为保护私权而设，若推事办理公证事务，能依法为之，并能满足请求人或利害关系人者，固无问题。倘请求人或利害关系人认其办理公证事务有不当者，不得不有救济之法，故本条第一项特许此等之人得提出抗议，俾得保护人民之私权，并增长公证制度之信用。

所谓抗议，指表示反对之意思而言也。所谓请求人，指请求就法律行为或其他关于私权事实，作成公证书或认证私证书之当事人或其他关系人而言也。所谓利害关系人，指请求人以外之第三人与公证事务有利害关系者而言也。

提出抗议，究依何法处理？亦不可不有明文规定，故本条第二项示明依关于司法行政监督之规定处理之。

所谓依关于司法行政监督之规定处理，指依《公证暂行规则施行细则》第五条及第六条之规定处理而言。兹特列举如下：

请求人或利害关系人依《公证暂行规则》第十三条提出抗议者，公证处推事应于三日内将其抗议书连同关系文件，呈送地方法院院长核办，如认为必要时，并应附具意见书。（《公证暂行规则施行细则》第五条）

地方法院院长接收前条抗议后，应分别有无理由，速为下列之处分：

（一）命公证处推事为适当之处分；

（二）为驳回抗议之处分。

不服前项处分者，得自接受处分文件之翌日起五日内，向上级司法行政监督长官声明之。

对于前项上级司法行政监督长官之处分，不得声明不服。（《公证暂行规则施行细则》第六条）

二　立法例

日本公证人法

嘱托人或利害关系人，得就公证人处理事务提出抗告。

前项抗告，依照本章所定监督权处分之。（第七十八条）

三　实务

抗议事件簿簿面

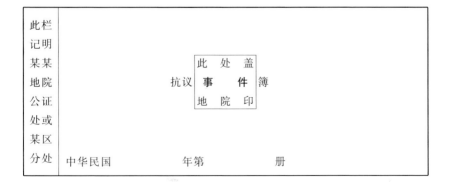

抗议事件簿簿面之里面

某某地院院长某某   名　章

抗议事件簿内用纸

				进行号数	抗					
				收件年月日	议					
				当事人姓名	事					
				抗议事由	件					
				处分方法 及年月日	簿					
				声明不服 之结果	页页					
				备考						

第十四条　推事作成之公证书原本与其附属文件，及依法令编制之簿册，除因避免事变外，不得携出；但经法院或检察官调阅者，不在此限。

前项文书之保存及销毁规则另定之。

一　注释

本条规定公证文书及簿册之保管与存毁。

公证制度为保护私权而设，关于推事作成之公证书原本与其附属文件，及依法令编制之簿册，一方有守秘密之必要，又一方有保存之必要，若得自由携出，难免不发生弊端，故本条特为明定此等文书及簿册，不得携出，是为原则，但有下列情形之一者，不在此限：

（一）因避免事变者；

（二）经法院或检察官调阅者。

即合于上列情形之一者，得将该文书或簿册携出，此为例外之规定。

又保存文书之年限及如何销毁？本规则不得不有明文规定，故本条明示关于此项文书之保存及销毁规则另定之。即《公证暂行规则施行细则》第十一条至第十三条之规定是也。

所谓作成公证书原本，指依本规则第二十四条至第二十八条推事所作成之公证书而言。

所谓附属文件，指本规则第二十九条至第三十条所规定之附属文件而言。

所谓依法令编制之簿册，有如下各种：

（一）公证书登记簿。（第三十二条）

（二）认证簿。（第四十五条）

（三）公证收件簿。

（四）声请公证文件收据存根簿。

（五）公证收费簿。

（六）公证费收据存根簿。

（七）发还公证证件簿。

（八）公证书正本缮本节本交付簿。

（九）公证文件阅览簿。

（十）抗议事件簿。

（十一）公证文件档案簿及索隐簿。（《公证暂行规则施行细则》第七条）

所谓避免事变，例如天灾，地变，兵灾，等是。

所谓不得携出，指文书不得携出公证处而言。

本条之规定，于认证私证书准用之。（第四十四条参照）

公证书原本，已认证之私证书缮本，公证收件簿，公证书登记簿，认证簿，公证文件档案簿及索隐簿，永远保存。此外之簿册，保存五年。保存之期限自该年年度之翌年起算。公证簿册之保存期限届满时应呈明高等法院核准后销毁之。（《公证暂行规则施行细则》第十一条至第十三条参照）

二　立法例

日本公证人法

公证人作成证书之原本与其附属文书，及依法令编制之帐簿，除因避免事变外，不得携出事务所，但有裁判所或豫审推事之命令或嘱托时，不在此限。

前项文书之保存及废毁规程，出司法大臣定之。（第二十五条）

三　理论

本条关于公证处之文书簿册，不得携出之规定，仅以因避免事变及法院或检察官调阅等为限。余以为应增订办理公证事务，不能在公证处为之时，亦得许其携出。盖公证事务，不在公证处为之者，有时对于公证处之文书簿册，亦有携带之必要故也。

又本条上段，应如下修正："推事作成之公证书，认证书之原本与其附属文件及……"盖总则为公证书之作成与私证书之认证一般适用之总纲，依此修正，非仅足以免第四十四条第三项规定第十四条于认证私证书准用之之规定，且能杜学说与实用上之争议。（理由详第四十四条理论栏内）

第二章　公证书之作成

（第 15—42 条）

謹按推事因当事人或其他关系人之请求，得就法律行为或其他关于私权之事实，有作成公证书之权限，故本章特设作成公证书之一切法则，俾资有所准绳。本章之内容，举其要者有如下各种之规定：（一）不得作成公证书；（二）请求人或代理人为本人之证明；（三）代理人权限之证明；（四）第三者之允许或同意之证明；（五）通译之在场；（六）见证人之在场；（七）公证书之主旨；（八）公证书之方式；（九）公证书登记簿之记载；（十）公证书原本之阅览；（十一）公证书正本之交付；（十二）公证书及其附属文书缮本或节本缮本之交付等是。

第十五条　推事不得就违反法令事项及无效之法律行为，作成公证书。

一　注释

推事得就法律行为或其他关于私权之事实，有作成证书之权限。而当事人或其他利害关系人就此事项请求作成公证书时，推事非有正当理由，不得拒绝请求人之请求（第四条第五条参照）。惟对于此原则，尚有例外之规定，即本条之不得作成公证书是也。兹将何谓违反法令事项及无效之法律行为？分述如下：

1. 违反法令事项　公证制度原为保护私人之权利而设，当事人或其他利害关系人，若以违反法令之事项为目的而为请求，推事不得就此事项作成公证书，盖违反法令之事项，原非法律上所保护，故明示不得作成公证书。违反法令事项，以违反强行法规为限，至对于任意法之违反，则不在本范围以内。盖强行法规，均与公共秩序或善良风俗有关，不问何人，均应遵守，例如《民法》规定满二十岁为成年，当事人不得以未满二十岁之人请求作成已成年之公证书是。至任意法规，则任人自由适用。

2. 无效之法律行为　当事人或其他利害关系人就无效之法律行为而为请求，推事不得作成公证书。盖法律行为，须具一般有效要件与特别有效要件，方能发生效力，已在本规则第四条内言之甚详，惟为阅者便利起见，约略说明之：所谓一般有效要件，即（1）行为人须有行为能力；（《民法》第七十五条及第七十八条参照）（2）法律行为须有适当之内容；（《民法》第七十一条至第七十三条参照）（3）意思须与表示一致。（《民法》第八十六条第八十七条参照）所谓特别有效要件，即法律就各种法律行为特别规定之要件，例如遗嘱须于遗嘱人死亡时始能发生效力是。若缺乏此等要件，其法律行为无效，故对于无效之法律行为，推事不得作成公证书。

本条之规定，于认证私证书准用之。（第四十条参照）

二　立法例

日本公证人法

公证人不得就违反法令事项，无效之法律行为，及因无能力得撤销之法律行为，作成证书。（第二十六条）

德国联邦非讼事件法案

就法律行为作成裁判上证书或公证书时，以不违背《民法》关于遗嘱及继承契约作成之规定为限，准用本法第一六九条至第一八二条各规定。若应就表示作成证书者，其为表示之人，视为第一六九条至第一八二条中之当事人。（第一六八条）

德国民法

行为能力受限制人，不必经其法定代理人之同意，得立遗嘱。

未成年人，非满十六岁后，不得立遗嘱。

因神经衰弱，浪费或酒癖而受禁治产人，不得立遗嘱，无立遗嘱之能力，自呈请禁治产时已成立。（第二二二九条）

三 理 论

本条仿日本《公证人法》第二十六条及德国《非讼事件法案》第一百六十八条与其《民法》第二千二百二十九条之立法例。惟学说上认本条亦有不妥之处。

宝道之意见：按本条之规定，推事不得就违反法令事项及无效之法律行为，作成公证书。

此项规定，系出于日本《公证法》第二十六条，但在中国究竟有何用处，殊属疑问。若谓违犯第十五条之规定所作成之公证书无效，则该条之规定大可不必；盖公证书就违反法令事项及无效之法律行为作成者，并不因第十五条之规定，始不能生效；按《民法》第七十条，第七十二条，第七十三条以及其他类似条文之规定，违法之法律行为，本已无效也。

倘第十五条之目的仅在使公证人注意不就违法事项及无效之法律

行为作成无效之公证书,该条之规定亦无甚效用;因充公证人者当略知国家之立法及民法之规定,纵无此项条文,自不应作成违法及无效之公证书。

设第十五条之用意在使公证人得根据一种精确之条文以拒绝当事人之请求——请求就违法事项或无效之法律行为作成公证书——则该条之规定,不无相当理由。然既以此为理由,在修辞上犹非更改不可。

总之,在暂行规则中如应保存第十五条之规定,余拟修改如下:

公证人对于显违法令,风化或公共秩序之事项及显然无效之法律行为,应拒绝作成公证书。

此处用"显"或"显然"之限制,余意颇有必要,因在多数情形,吾人欲知某种法律行为究竟无效或有效,常有怀疑不定之感。例如就《民法》一〇一八条之规定联合财产由夫管理一项,吾人何能立即确定某种行为,为夫所能为之管理行为,某种行为,为夫所不得为之处分行为?故第十五条之规定,惟于显然无疑义之无效情形,方可适用。

以上意见,认为本条似无规定必要,如欲维持原文,对于修辞上亦有改正之处。

司法行政部民事司之意见:"本条似可无庸修改。"

总而观之,本条仍有明定之必要。盖一方为示明作成证书之必要条件,一方足以促推事之注意。惟本条关于得撤销之法律,不禁止其不得作成证书,未知其立法理由何在?查我国《民法》第七十四条及第九十二条得撤销之法律行为,似应规定不得作成证书为是。虽学者有谓因被诈欺或被胁迫得撤销之法律行为,表面上不能窥知其原因之存在,故本规则关于此种行为不禁止其证书之作成云云。徒以不易窥知其原因之存在,则不予以明定,似非确论。假使推事已知其有被诈欺,被胁迫或系乘人之急迫,轻率或无经验而为意思表示时,依此规定，亦不得不作成公证书矣。余以为立法之本旨，不可因噎废食，宁可备而不用也。

第十六条　公证书应以中国文字作成之。

<h1 style="text-align:center">一　注　释</h1>

本条规定作成公证书所用之文字。

任何国家，对于记载社会一切情事，必有一定文字以表现之，虽有时亦有使用外国文字之处，然一般记载，均以本国文字为原则，我国《法院组织法》第十一章规定法院之用语及其文字，应用中国语言及中国文字为标准。故本规则关于公证书之作成，规定应以中国文字为之。俾得二者相符。

公证书虽应以中国文字作成为原则；然以请求人，代理人，通译及见证人于公证书上签名，以外国文字为之，亦无不可。盖此等人之签名，为完成证书成立之要件，且签名之性质，系证明为签名之亲笔而已，故签名可不用中国文字为之，此为当然之解释。又证书内非不可用外国文字，例如请求人为外国人，于其姓名，虽以译成本国文字为原则；但于证书内可附记其原文，亦应解为非法律上之所不许。盖附记其原文，以求其真实也。

本条之规定，于认证私证书准用之。（第四十四条参照）

<h1 style="text-align:center">二　立法例</h1>

日本公证人法

公证人不得作成不用日本语之证书。（第二十七条）

法国公证人法

（一九二六年二月二十一日修正）（原本或节本）应由公证人负责，或以笔书，或以打字，印刷，石印或排印，均须用黑色不致磨灭之墨，而以官署文牍上认可之文字制作之。全文应成一体，文句联贯，字迹分明，不得有省笔空白缺隙及插行，并须记载各当事人，有证人时，及各证人之姓名，资格及住址。凡款额及年月日之记载，均须用数字为之。（即不得用阿拉伯数码之谓）订约人之委任状，须附订于原本，原本内并须有"证书已向当事人宣读"之记载。违反本条之规定时，处公证人以百佛郎罚金。（第十三条）

德国联邦非讼事件法案

关于办理之经过，应以德文作成笔录。（第一七五条）

三　理　论

本条仿日本《公证人法》第二十七条之立法例，但学说上亦有评述，兹择其要者录之如下：

宝道之意见：暂行规则内仅规定公证人应以中国文字作成公证书。然在中国，外国人有受中国法律之约束者，亦有外国人取得中国国籍者，其人数极为可观。余不知以中国文字作成之公证书，于此等人民，究竟能有若何用处。

兹仅就通商口岸之俄人而言，尤其在上海与天津二处，俄人之人数甚伙，且均属勤劳分子，因此其所经营事业，亦为地方上繁荣之要素。

余屡闻此辈俄人，因在中国未有公证人为其就各种法律行为作成公证书，常表示抱憾。

现在此辈俄人或在法律上已成为中国人民，或因无任何国籍而仅受中国法律约束者，事实均已属中国管辖；余不知中国政府为何不予另设公证机关而准以俄国文字作成公证书，同时于公证书登记簿内并用中俄二国文字。此种办法并不违犯中国之主权；因在多数国家（德国、捷克、波兰、匈牙利、罗马尼亚、加拿大、南非洲联邦），常见少数民族在法律上享有使用自己语言文字之权，且有时尚可设置学校或法院专用自己之语言文字。中国政府对于一般尊重中国法律之人民，一向表示宽容优待之态度，今对于俄人所需之方便，若加以拒绝，不知有何理由。

自三四年以来，苏维埃国家已渐趋于承认私人财产与阶级区分之制度。此后中国政府对于俄人之公证事务，若无任何规定，上项之趋势，若再蒸蒸日上，诚恐此辈无国之人，将渐次与其祖国联络而终成苏维埃之人民，目前中国政府，尚可用满足其需要之方法，加以维系，若此机会一失，则将来不但在公证方面，即在无数其他事项，均不受中国官署之管辖矣。

上述意见，评述本条立法上之失，认为作成证书不以中国文字为限，并应为某种外国人而设之公证人。

司法行政部民事司之意见："查依原规则第十六条公证书固应以中国文字作成之，惟该项中国文字，若由外国文译成，或译为外国文，均非法所不许。"

此意见认为应维持原文，毋庸修改。余亦认其主张为正当，盖证书虽应以中国文字作成之，惟可将中文证书译成外国文证书并无不便之处。至其请求人不通中国语言，亦可依照第十八条之规定使用通译传达双方之意思，亦无困难之处。

第十七条 推事作成公证书，如不认识请求人时，应使其提出该管区长或商会或警察署长之证明书，或以推事所认识之证人二人证明其实系本人。请求人为外国人者，得提出该本国公使或领事之证明书。

除依前项规定外，推事认有必要时，得将请求人合摄相片存查。

一 注释

本条规定请求人证明本人之方法。

推事作成之公证书，具有公正之效力，推事认识请求人时，固无问题，若推事与请求人不相识，而请求人所主张之姓名，是否为真实，不能明知时，如为请求人作成公证书，难免不发生诈称他人之姓名而为请求，则推事亦无由判断其真伪，故本条特为明定证明本人之方法，兹将其一一说明如下：

1. 推事如不认识请求人时应使其提出该管区长或商会或警察署长之证明书 所谓区长，指该管自治区中之区长而言。区长总理全区自治事务，其于区内之人民必甚熟识，况自治区中对于住民有印鉴簿，或人事登记簿之设置，对于区内之人民易于调查，故区长之证明，必为确实，本法许之。所谓商会，指商人团体之组织而言，商会对于商民，必甚熟识，其为证明，亦属可信，本法亦许之。所谓警察署长，指警察厅厅长公安局局长或分局长等而言。盖居民有户籍登记，故对于其证明亦为可信，本法亦许之。惟此等人之证明，须提出证明书为要件。

2. 推事如不认识请求人时以推事所认识之证人二人证明其实系本人 请求人在本籍地以外之地，请求作成公证书时，欲使该管区长，商会或警察署长证明，不免发生困难，则在该管区域内，有时容或有此情形，故本条特许以推事所认识之证人二人证明其实系本人，以求简便之方法。惟此证明，毋庸提出证明书。

3. 推事如不认识请求人时而请求人为外国人者得提出该本国公使或领事之证明书 请求人为外国人者，居留于中国，颇难有妥善之方法足资证明，若不有变通之方法，亦殊与公证之本旨相违背，故本条特许凡有本国公使或领事之证明书，证明其实系本人，推事应准其请求，作成公证书。惟此亦以提出证明书为必要条件。

除有上述之方法证明其为本人者，推事得依其请求作成公证书；但推事认为有必要时，并得将请求人合摄相片，以备存查。至其如何认为必要？由推事依情形定之。

惟须有应注意者，本条之规定，于作成拒绝证书不适用之，（第四十二条参照）其理由容后说明。

又本条规定，由代理人而为请求者，亦得适用。（第二十条第一项参照）

此外关于请求交付公证书及其附属文书之缮本或节录缮本，及公证书之正本，与请求阅览公证书原本暨认证私证书，亦准用本条之规定。（第三十二条第二项，第三十五条，及第三十九条第四十四条参照）

至请求人所呈证明文件，公证处应加盖该处印章，并分别记载公证书登记簿册数页数公证书号数，或认证簿册数页数号数收件年月日收件号数。（《公证暂行规则施行细则》第四条参照）

本条尚有变通办法，即请求人如未能即时提出证明书，由法院函达该管区长或商会或警察署长查复属实，该复函即视为证明书。或由法院派员二人查报实系本人，亦即认为有证明力。兹录司法行政部二十五年八月六日训字第三九四四号训令如下：

案据福建高等法院二十五年七月二十三日呈字第六二号呈称：

"窃于本月十四日据试署闽侯地方法院院长左赋才二十五年七月十四日呈字第六一号呈称：'窃以公证制度，在吾国系属创设，欲使一般人民采用公证程序，愿意缴纳公证费用，其经过手续，非力图请求人各种便利，不易发达。查推事作成公证书及认证私证书，如不认识请求人时，依照《公证暂行规则》第十七条规定，虽得命请求人提出该管区长或商会警察署长之证明书或以推事所认识之证人二人证明其实系本人以为弥补之方法；但当地请求人直接向上列机关请给证明书，须费若干时间，多感不便。如未能即时提出证明书，拟由本院函达上列各机关查复属实，该复函即视为证明书。又请求人觅与推事认识之证人二人证明，除以金钱延聘律师证明外，殊属不易，如遇有此种困难，拟由本院派员两人查报实系本人，亦即认为有证明效力，以免请求人时间经济有一不便之缺憾，而期公证制度推行无碍，是否有当，理合备文呈请察核，俯予转赐核示只遵'等情。据此。理合具文转呈鉴核，指令只遵。"等情。据此。查所拟办法，尚属可行，应准如拟办理，除分令外，合亟令仰知照（并转饬所属一体知照）。此令。

二　立法例

日本公证人法

公证人作成证书，应知嘱托人之姓名并须与其相识。

公证人不知嘱托人姓名，或不与其相识时，须使其提出本籍地或寄居地市区町村长所作成之印鉴证明书，或以知姓名并相识之证人二人证明其实系本人，但嘱托人为外国人时，得以警察官吏或驻在帝国之本国领事证明书，代替印鉴证明书。

遇有急迫情形，公证人就非法律行为之事实作成证书时，前项程序得于作成证书后三日内完成之。

前项之程序已完成时，证书不因缺乏急迫情形之理由而丧失其效力。

第三十四条第三项之规定于第二项之证人准用之。（第二十八条）

法国公证人法

（一九〇二年八月十二日修正）当事人之姓名，身份及住址，须为公证人所知，或由公证人所认识且知签名，并具备充当见证人同样资格之成年人二人，在证书上证明之。（第十一条）

比利时公证人法

（一九二二年十二月十六日修正）当事人之姓名，身份，住所，应为公证人所知，或由公证人认识而具有见证人资格之二人证明之。（第十一条）

三　理　论

本条第二项之规定，应有改订之必要，试拟其修改之规定如下：

除依前项规定外，请求人应提出相片，或由法院将请求人摄制之。

盖相片足以为证明本人之证据，倘他日发生纠葛时，得以查核，故余主张相片为请求时应行提出之必要条件。

遇有急迫情形，不能即时提出证明书或证人时，似有变通办法，应仿日本《公证人法》第二十八条第三项之规定："遇有急迫情形，公证人就非法律行为之事实作成证书时，前项程序（指证明本人之程序）得于作成证书后三日内完成之。"较为妥洽。

第十八条　请求人不通中国语言，或聋哑而不能用文字达意者，推事作成公证书，应使通译在场。

一　注释

本条规定应使用通译之事由。

公证制度本为保护私权而设，而公证书之作成，应使其有公正之效力，故推事作成公证书，应将请求人或其代理人之陈述及所见之状况，并其他实验之事实记载之，其实验之方法亦应一并记载。（第二十四条参照）方足以明了请求公证之内容，并能使公证书有公正之效力。以此观之，请求人若通中国语言，或聋哑者，能用文字达意，固无问题，否则，即不能作成公证书。盖公证推事及其他利害关系人，除遍通中国语言文字外，又兼通各国语言文字及聋哑之意思表示，究属不能。故本条明定请求人不通中国语言，或聋哑不能用文字达意者，推事作成公证书，应使通译在场，俾得公证事务易于进行，而公证书之作成，亦得确实。

所谓请求人不通中国语言，指请求人不能用中国语言以达其意思表示，致使无由理解请求之事项而言。惟请求人不甚通中国语言，如能理解中国文字，得用笔谈方法，理解其请求事项，亦得不用通译在场，此为当然之解释。又请求人不通中国语言，不限于外国人，中国人民生长于外国，或外国人归化中国，不通中国语言者，均在此范围以内，应使通译在场。

所谓聋哑而不能用文字达意者，即请求人失去听能语能而又不能以文字达意者而言。请求人为聋者时，不问其能否操中国语，若不理解中国文字，应使通译在场，反之，请求人虽为聋者，而其能用文字达意者，则毋庸受本条之限制。惟聋者尚能说话，似无使通译在场之必要，然实际上推事于作成公证书时，推事之言语，应使请求人或其代理人知晓，固不必论，而其所作成之证书，应向在场人朗读或使其阅览，经请求人承认无误后，并记载其事由，（第二十八条第一项参照）故请求人为聋而不能以文字达意者，不问其能说中国话程度如何，须使通译在场。

至哑者，无论生而为哑，抑由疾病所致，或哑而不聋，或聋哑相兼，均非所问。惟哑者能用文字达意者，可毋庸使通译在场。

所谓通译，指为不通语言或文字者，传译其意思之第三人也。惟此之通译，与民刑诉讼上之通译略有区别，即此之通译，应由请求人或其代理人选定之，见证人得兼充通译，惟须注意第二十三条之规定。（第二十二条参照）

本条规定，由代理人请求者，亦得适用。（第二十条第一项参照）惟于作成拒绝证书，不适用之。（第四十二条参照）

又本条之规定，于认证私证书准用之。（第四十四条参照）

二　立法例

日本公证人法

嘱托人不识日本语言时，或为聋者哑者，与其他不能言语者，且并不识文字时，公证人作成证书，须使通译在场。（第二十九条）

比利时公证人法

（一九二二年十二月十六日修正）公证书由公证人一人或二人制作之。

于下列各款之情形，公证人一人制作时，应有见证人二人在场证明之：

（一）制作下列各种证书者：

（甲）公证遗嘱，撤销遗嘱及标明密封遗嘱或秘密遗嘱之证书。

（乙）夫妇财产契约，赠与，撤销赠与，及关于此项行为之委任书及许可书。

（二）不论证书之种类，当事人之一方为瞽或为聋哑而不能或不知签字者。

前项见证人，不论男女，惟须为具有比籍之成年人，且知签名，及在证书制作地之司法区域内居住。（第九条）

德国联邦非讼事件法案

法官或公证人确信当事人盲哑或不能言语时，在法院应有书记处证书官或两证人到场，在公证人处应有第二公证人一人或证人两名到场。（第一六九条）

法官或公证人确信当事人喑哑或因他故不能言语，又不能用书面得其合意者，则于作成笔录时，应使经宣誓之译员到场。

笔录中应证明法官或公证人确信当事人因故不能言语又不能用书面得其合意，并应由译员认可及签名。

有上述情形者，毋庸使证人书记处证书官或第二公证人到场。（第一七八条）

当事人声明不谙德语，则于作成笔录时，应使经宣誓之译员到场，但法官或公证人熟谙当事人之语言时，毋庸使其到场，若当事人舍弃宣誓时，译员亦不必举行宣誓。

笔录应由译员向不谙德语之当事人朗诵，译员毋庸到场时，由法官或公证人以外国语朗诵之，笔录中应证明其如此办理。

笔录中应证明当事人不谙德语。

译员应签名于其笔录。

证书之作成，不因违反第一项不使译员到场而无效。（第一七九条）

德国民法

立遗嘱人为喑哑或其他不能言语者，经法官，或公证人之认证后得以交付文书为遗嘱。惟应将文书为其最后意思之表示，亲笔书写于笔录内，或另为备考附录于笔录之后。

意思表示之为亲笔书写，并法官或公证人对被继续人不能言语之认证，须于笔录中证明之。其笔记无须经被继承人之特别认可。（第二二四三条）

被继承人表示不谙德语者，立遗嘱时，须备译员，于译员准用第二二三四条至第二二三七条关于证人之规定。笔录须翻译被继承人所表示之言语，译文应由译员制成或认证及朗读之，并应作为笔录之附件。

笔录须有被继承人不谙德语之意思表示，译员之姓名，并须有翻译经译员制成或认证及朗读之证明，译员须于笔录签名。（第二二四四条）

三　理　论

本条仿日本《公证人法》第二十九条及德国《非讼事件法》案第一百七十八条之规定。惟学说上有评骘本条之得失，兹录之如下：

宝道之意见："本条之规定，似模仿日本《公证法》第二十九条之规定，惟'聋哑而不能用文字达意者'一项，余尚有不明之点；因聋哑之人，能用文字达意者甚多，不知何以在此处独不能也。

第十八条之规定，似应修改如下：

请求人不通中国语言，或聋哑，或因其他原因不能言语或了解文字者，推事作成公证书时，应使通译在场。"

上说理由，谓聋哑之人，能用文字达意极多，应将本条之原文修正。

　　司法行政部民事司之意见："请求人聋哑而能用文字达意者不适用本条之规定（前书第二九九页第三七四页）似可无庸修改。"

　　此说认为无庸修改，余以为亦以后说为是。盖本条明示其要件，（一）须聋哑。（二）须不能用文字达意者。若合以上两要件，方得使通译在场，否则，请求人虽为聋哑，而能以文字达意者，则毋庸使通译在场。

第十九条　请求人为瞽者或不识文字者，推事作成公证书，应使见证人在场，虽无此情形，而经请求人请求者，亦同。

一　注释

本条规定应使见证人在场之情形。

　　公证书之作成，本为证明法律行为及其他私权事实之真正，若请求人为瞽者，或不识文字者，推事所作成之证书，必不知其内容，难免将来不发生争议，又于其他情形，请求人认为有见证人在场之必要者。凡有上述情形，推事作成公证书，应使见证人在场，非徒足以监视推事之执行职务，抑且使公证制度之信用益著。

　　所谓请求人为瞽者，指请求人失去视能而言。易言之，即请求人为盲人是也。其失去视能之程度如何？在完全瞽者固不待言，至其未达全瞽，而其视能已失去其大部分，则虽略能看见一二，亦应作瞽者论。惟年老昏花，仅失去一部分视能，尚能理解文字，不在本范围以内。

　　所谓不识文字，指请求人无识别文字之能力而言。至其识字之程度如何？似有研究之处，盖完全不识字者，固无问题，若粗识文字与精通文字者，其间程度，常有差异，究应如何区别？难得正确之标准。余以为请求人若不能理解证书内之文字者，纵能粗识文字，亦不得认其为已识文字之人。又此之所谓文字，究指各国文字，抑仅指中国文字？依本规则第十六条之规定观之，应解为仅指中国文字为限。依此解释，倘有外国人，虽通外国文字，而不通中国文字，似应使见证人在场为妥。

所谓虽无此情形，指请求人非聋者又非不识字者之情形而言也。

所谓经请求人请求者，指请求人请求见证人在场而言也。惟此请求人，虽精通文字而又非聋者，亦得请求。又此请求，为请求人之权利，推事应否准许，依法理而言，推事有权准驳，（第五条参照）但依事实上而言，推事应准请求人之请求为是。又请求人有二人以上时，其一人虽为反对见证人在场，而其他请求人仍得自由主张，则推事亦应准许其请求。

见证人应由请求人或其代理人选定之，见证人得兼充通译，惟须注意第二十三条之规定。（第二十二条参照）

由代理人请求者，适用本条之规定。（第二十条第一项参照）惟关于作成拒绝证书不适用之。（第四十二条参照）

本条之规定，于认证私证书准用之。（第四十四条参照）

二　立法例

日本公证人法

嘱托人为盲者或不识文字时，公证人作成证书，须使见证人在场。

前项之规定，如嘱托人请求使见证人在场时，准用之。（第三十条）

第二十条　由代理人请求者，除适用前三条之规定外，应提出授权书。

前项授权书，如为未经认证之私证书，应依第十七条第一项之方法证明之。

一　　注释

本条规定代理人及其权限之证明。

凡人处理日常事务，均须由本人亲自为之者，每致发生许多困难，是以法律上有代理之制度，即其事务委任他人（代理人）代为是也。本规则关于请求于法律行为或其他关于私权之事实作成公证书，虽以本人请求为原则，但当事人或其他关系人不亲自至公证推事之前，而委任他人，请求推事作成证书，亦为本规则所许。既已认请求作成公证书可由代理人为之，而关于证明为本人之方法（第十七条）及应使通译与见证人在场（第十八条第十九条）等规定，于代理人亦应适用。其理由已在第十七条至第十九条内详细说明，毋庸再赘。惟此以外，代理人应提出授权书，证明其有代理权。其代理权限之授权书，须具下列证书之性质：

1. 推事作成之授权书

所谓推事作成之授权书，指当事人或其他关系人拟不亲自至公证之推事前，而委任他人请求推事作成公证书时，先至公证处请求作成授权书，由推事依其请求而为作成之证书而言也。依法理而言，即具有公证书之性质，惟本规则不曰公证书，而特称授权书，意在使名称上较为明显之故也，代理人提出此种授权书，以证明其代理人之权限，较他种证书为优。惟有时当事人或其他关系人，不能依此方法为之耳。

2. 认证之私证书

私证书通常效力薄弱，若经推事认证之私证书，其形式上效力，与公证书同。盖认证之私证书，系由推事证明其证书之成立，与推事作成之授权书有同一效力，故提出认证私证书时，自得证明其代理之权限。

3. 未经认证之私证书

私证书未经认证者，不得有形式上之证据力，前已言之，且此证书，其署名者是否为真正？推事不得而知，则代理人在推事面前，亦难证明其有代理权限，故本条第二项特为明定，代理人提出授权书，如为未经认证之私证书，应依第十七条第一项之方法证明之。即代理人提出授权书，如为未经认证之私证书，除推事认识授权人及代理人外，应使其提出该管区长或商会或警察署长之证明书，或以推事所认识之证人二人证明其实系本人所为之授权书。如请求人为外国人者，得提出该本国公使或领事之证明书等规定是。

惟此应有注意者，本条之规定，仅限于意定代理，而不及于法定代理。易言之，即法定代理人代本人而为请求作成公证书时，毋庸提出授权书。盖法定代理由法律上赋与有代理之权限，况本人若不为无行为能力人，则为限制行为能力人，均无授权之能力，故余解为本条之适用，以意定代理人为限。

又代理人代本人而为请求作成公证书，其请求之时，对于请求人之名义，是否用代理人之名义，抑用本人之名义？余以为依《民法》第一百零三条之规定，仍应解为以本人之名义行之较为合法，惟须代理人之名义，亦应同时注明。

本条之规定，关于拒绝证书之作成，不适用之。（第四十二条参照）惟请求交付公证书或其附属文书之缮本或节录缮本，及公证书之正本，与请求阅览公证书原本，暨认证私证书，均准用本条之规定。（第三十二条第二项第四项，第三十五条，第三十九条，第四十四条参照）

二　立法例

日本公证人法

由代理人嘱托时，前三条之规定于代理人适用之。（第三十一条）

由代理人嘱托时，公证人作成证书，须使其提出代理权限证明书，证明其权限。

前项证书如为未经认证之私证书时，除其证书之外，须使提出其署名者之本籍地，或寄居地，市区町村长所作成之印鉴证明书，证明其证书系真实，但其署名者为外国人时，准用第二十八条第二项但书之规定。

代理或其方式有欠缺，依照证书作成之规定追补完成时，其证书不因其欠缺而失其效力。（第三十二条）

三　理论

查我国《民法》第一百七十条规定：无代理权人以代理人之名义所为之法律行为，经本人承认，对于本人即生效力。是无权代理，经本人承认，亦得发生效力。故本法似应仿日本《公证人法》第三十二条第三项"代理或其方式有欠缺，依照证书作成之规定追补完成时，其证书不因其欠缺而失其效力。"之立法例而为增订较为妥洽。

四 实务

授权书

授权书 字 第 号							
委任人	姓名	性别	年龄	籍贯	职业	住所或居所	备考
受任人							
委任之原因							
委任之权限							
证明文件及 参考事项							
授权书作成之 年月日及处所							

上授权书经下列之人证明无误

　　　　　　　　　　　　人　某某　名章

中华民国　　年　月　日　人　某某　名章

　　　　　　　　某某地院公证处推事某某　名章

公证授权书

授权书				每份定价银三分　某某地院公证处发行		
	姓　名	性　别	年　龄	职　业	住所或居所	
委任人						
受任人						
兹委任○○○为 代理人请求		作成○○○○公 认证○○○○私		证书特将委任之原 因及权限开列于下		
原　因						
权　限						
证明文件						
右　呈 某某地方法院公证处公鉴						
中华民国　　年　　月　　日						

授权人某某　名章

第二十一条　就须得第三人允许或同意之法律行为，请求作成公证书，应提出已得允许或同意之证明书。

前条第二项之规定，于前项情形准用之。

一　注释

本条规定第三人允许或同意之证明。

当事人或其他关系人，得就法律行为或其他关于私权之事实请求推事作成公证书，在一般之法律行为而为请求，除证明其为本人外，别无提出其他文书之必要，惟就须得第三人允许或同意之法律行为，请求作成公证书，除证明其为本人外，并应提出已得允许或同意之证明书。

所谓须得第三人允许之法律行为，例如《民法》第八十三条规定，法定代理人允许限制行为能力人处分之财产，限制行为能力，就该财产有处分之能力，及同法第八十五条第一项规定：法定代理人允许限制行为能力人独立营业者，限制行为能力人关于其营业有行为能力等允许之规定是。

所谓须得同意之法律行为，例如《民法》第一百一十七条，第九百七十四条，第九百八十一条，第一千〇〇六条，第一千〇二十条，第一千〇三十三条，第一千〇四十九条及第一千〇七十六条等同意之规定是。

所谓证明书，即包含下列三种证书：

1. 公证书

指允许或同意，已由公证推事作成公证书而言。以此证书提出，而为证明最为可靠。

2. 已经认证之私证书

已经认证之私证书，已由推事依私证书而为认证，形式上具有公证书之效力，以此证书提出，亦认为合法。

3. 未经认证之私证书

未经认证之私证书，其效力极为薄弱，已如前述，且此证书是否系本人作成，不得而知，故本条第二项明示前条第二项之规定，于前项情形准用之，即请求人提出允许或同意之证明书，如为未经认证之私证书，除推事认识允许人或同意人外，应使其提出该管区长或商会或警察署长之证明书，或以推事所认识之证人二人证明其实系允许或同意。如请求人为外国人者，得提出该本国公使或领事之证明书之规定是。

关于本条之规定，于作成拒绝证书不适用之。（第四十二条第二项参照）惟请求交付公证书及其附属文书之缮本或节录缮本及公证书之正本，与请求阅览公证书原本时，准用本条之规定。（第三十二条第二项，第三十五条及第三十九条参照）

此外关于本条之规定，于认证私证书亦准用之。（第四十四条参照）

请求人所呈证明文件，及其他应行发还之文件，公证处应加盖该处印章，并分别记载公证书登记簿册数页数，公证书号数，或认证簿册数页数号数，收件年月日，收件号数，发还原请求人。（《公证暂行规则施行细则》第四条参照）

二　立法例

日本公证人法

公证人关于须得第三者许可，或同意之法律行为作成证书时，须使其提出已得其许可或同意之证书。

前条第二项第三项之规定，于前项情形准用之。（第三十三条）

德国民法

为被继承人订立继承契约者，仅以行为能力无限制者为限。

有配偶之人，虽行为能力受限制得为被继承人与其相对人订立继承契约。但应经其法定代理人之同意，法定代理人为监护人者，并应经监护法院之允许。

第二项之规定，于婚约当事人亦适用之。（第二二七五条）

第二十二条 通译及见证人，应由请求人或其代理人选定之。见证人得兼充通译。

一 注释

本条规定通译及见证人之选定。

请求人不通中国语言，或聋哑而不能用文字达意者，推事作成公证书，应使通译在场。又请求人为瞽者，或不识文字者，推事作成公证书，应使见证人在场，虽无此情形，而经请求人请求者亦同。惟此通译与见证人究由请求人选定？抑由公证推事选定？不可不有明文规定，故本条明示此等之人，应由请求人或其代理人选定之。盖公证书之作成，由公证处之推事为之，选定通译及见证人之权赋之于请求人或其代理人。非仅足以保护私人之利益，且能使公证制度之信用得以昭著。

通译及见证人既规定应由请求人或其代理人选定之，而见证人若能传译双方之意思者；使其兼充通译，较为便捷，此本条后段之所由设也。

通译与见证人之资格不同，即通译关于资格，无何等限制，不问为自己之亲属，雇人，其他于请求事项有利害关系者，亦不问推事不知其姓名并不与相识者，凡能通译证书之旨意，皆得为通译。惟见证人之资格，则有限制。（第二十三条参照）

通译之资格虽无限制为原则；但不解中国语言，或为聋者哑者，不能为推事与请求人或其代理人间，传达意思之人，应解为不得选定通译。

通译及见证人之人数，本规则无何种规定，依论理解释，似以一人较为妥洽。盖此等之人，由请求人或其代理人选定之，其选定之初，则已考虑其能力矣，故无选定多数之人之必要，致妨公证事务之进行。

选定通译，本规则虽无资格之限制，然见证人兼充通译时，仍应受第二十三条之限制。

本条之规定，于认证私证书准用之。（第四十四条参照）

二　立法例

日本公证人法

通译及见证人，须由嘱托人或其代理人选定之，见证人得兼充通译。

下列之人不得充见证人：

（一）未成年者。

（二）第十四条所载者。

（三）不能亲自署名者。

（四）于嘱托事项有利害关系者。

（五）于嘱托事项为代理人或辅佐人，或曾为代理人辅佐人者。

（六）公证人嘱托人或其代理人之配偶者，四亲等内之亲族，同居之户主，或家族法定代理人保佐人雇人或同居人。

（七）公证人之书记。（第三十四条）

第二十三条　下列之人，不得充见证人或证人。

一　未成年者。

二　被处徒刑以上之刑者。

三　受破产宣告尚未复权者。

四　受禁治产宣告尚未撤销者。

五　因惩戒处分被免职尚在停止任用期内，或律师被除名尚未满四年者。

六　于请求事件有利害关系者。

七　于请求事件为代理人或辅佐人，或曾为代理人辅佐人者。

八　为推事，请求人或其代理人之配偶，家长，家属，或法定代理人，或七亲等内之血亲，五亲等内之姻亲者。

九　公证处之书记官及雇员。

一　注释

本条规定见证人或证人资格之限制。

请求人或其代理人为瞽者或不识文字者，推事作成公证书，应使其选定见证人在场，虽无此情形，而经请求人请求者，亦同。（第十九条第二十二条参照）又推事作成公证书，如不认识请求人时，应使其以推事所认识之证人二人证明其实系本人。（第十七条参照）惟其选定之人，有下列缺陷时，推事自得拒绝证书之作成：

（一）未成年者。

未满二十岁为未成年，未成年有无行为能力与限制行为能力之分，未满七岁者无行为能力，满七岁以上者有限制行为能力。（《民法》第十二条第十三条参照）无行为能力人之意思表示无效，由法定代理人代为意思表示，并受意思表示。（《民法》第七十五条第七十六条参照）限制行为能力人为意思表示及受意思表示，应得法定代理人之允许，若未得法定代理人之允许，所为之单独行为无效。（《民法》第七十七第七十八条参照）故本条第一款规定未成年者，不得充见证人或证人，惟未成年人已结婚者，不在此限。（《民法》第十三条第三项参照）

（二）被处徒刑以上之刑者。

刑有主刑及从刑之分：从刑为褫夺公权及没收二种；主刑为死刑，无期徒刑，有期徒刑，拘役及罚金五种，有期徒刑为二月以上，十五年以下；但有加减时，得减至二月未满，或加至二十年。（《刑法》第三十二条至第三十四条参照）此之所谓被处徒刑以上之刑者，指被处有期徒刑，无期徒刑及死刑而言，至被处拘役，罚金，褫夺公权及罚金等刑不在本范围以内。又被处徒刑，不问其已执行完毕，或曾否执行，均不得充见证人及证人。盖被处徒刑以上之刑者，其恶性极深，恐其为见证人或证人有不足恃之虞。故本条第二款以示限制。

（三）受破产宣告尚未复权者。

破产对债务人不能清偿债务者，因债权人或债务人之声请或依职权宣告之。（《破产法》第五十七条，第五十八条，第六十条参照）破产人因破产之宣告，对于应属破产财团之财产，丧失其管理及处分权。（《破产法》第七十五条参照）并不任其他法院所选任之公职，若破产人依清偿或其他方法解免其全部债务时，得向法院为复权之声请。又破产人不能依此规定解免其全部债务，而未依《破产法》第一百五十四条或第一百五十五条之规定受刑之宣告者，得于破产终结三年后或于调协履行后，向法院为复权之声请。（《破产法》第一百五十条参照）故本条第三款明定受破产宣告尚未复权者，不得为见证人或证人。盖未复权之时，对于人格尚未恢复之故也。

（四）受禁治产宣告尚未撤销者。

对于心神丧失或精神耗弱，致不能处理自己事务者，法院得因本人，配偶，或最近亲属二人之声请，宣告禁治产。如禁治产之原因消灭时，应撤销其宣告。（《民法》第十四条参照）又禁治产人无行为能力，无行为能力人之意思表示无效，应由法定代理人代为意思表示并代受意思表示。（《民法》第十五条，第七十五条，第七十六条参照）

故本条第四款依此原则，亦明定受禁治产宣告未撤销者，不得为见证人或证人。盖其尚未撤销禁治产之宣告，对于禁治产人尚无行为能力之故也。

（五）因惩戒处分被免职尚在停止任用期内，或律师被除名尚未满四年者。

公务员有违法废弛职务，或其失职行为情事，由监察院将弹劾案连同证据，移送惩戒机关办理，被弹劾人为国民政府委员者，送中央党部监察委员会，国民政府委员以外之政务官，送国民政府被弹劾人为事务官者，送公务员惩戒委员会。如受惩戒处分被免职者，并于一定期间内停止任用，（至少一年）在此免职尚在停止任用期内，本条第五款前段明定不得为见证人或证人。盖停止任用期内，不啻褫夺公权，在社会上已失去其地位矣。又律师执行职务，如有违反律师章程及律师公会规则，依法应移付惩戒，其惩戒机关设高等法院，谓之律师惩戒委员会。其惩戒处分有训诫，停职，除名三种，受除名处分，非经过四年不得再执行律师职务。故本条第五款后段规定在其除名尚未满四年者，不得为见证人或证人。盖其在此期间以内，社会之信用尚未恢复，且国家尚禁止其执行律师职务之时也。

（六）于请求事件有利害关系者。

于请求作成公证书之事件，倘有利害关系，难免不有偏颇之虞，故本条第六款明定不得为见证人或证人。所谓于请求事件有利害关系者，指关于请求事件，有身份上或财产权利义务之利害关系而言也。

（七）于请求事件为代理人或辅佐人，或曾为代理人辅佐人者。

所谓请求事件，指请求作成公证书之事件而言。所谓代理人，指以本人名义，代为行为之人也。至其代理人之范围，是否指诉讼代理人为限，抑包括法定代理人及本规则之代理人？余以为将代理人与辅

佐人同款规定，并参酌本条第八款之明示，应解为仅限于诉讼代理人
为是。所谓辅佐人，指辅助当事人或诉讼代理人为攻击防御之第三人
而言。所谓曾为代理人辅佐人者，指过去为代理人辅佐人者而言，惟
以请求事件为之者为限。此等之人，恐有失公平之虞，故本条第七款
明定不得为见证人或证人，非无故也。

（八）为推事，请求人或其代理人之配偶，家长，家属，或法定
代理人，或七亲等内之血亲，五亲等内之姻亲者。

所谓推事，指办理公证事务之推事而言。所谓请求人，指当事人
或其他关系人而言。所谓代理人，指请求人之代理人而言。所谓配
偶，指夫妇而言。所谓家长，指于家属团体中，居于首长之地位而
言。所谓家属，指亲属团体中，除家长以外，其余一切之团员而言，
其非亲属而居于一家，益以共同之生活为目的，亦得视为家属。所谓
法定代理人，指对于为未成年人行使亲权之父母，亲属会选任之未成
年人之监护人等而言。所谓七亲等内之血亲，指其血亲在七亲等内而
言。血亲亲等之计算法，有罗马计算法，寺院计算法之别，我国《民
法亲属编》，采寺院计算法，即直系血亲从己身上下数，以一世为一
亲等，旁系血亲，从己身数至同源之直系血亲，再由同源之直系血
亲，数至与之计算亲等之血亲，以其总世数为亲等之数。例如父母为
一亲等，高祖父母及外高祖父母为四亲等，祖父母兄弟姊妹之曾孙子
女及外祖父母兄弟姊妹之曾孙子女为七亲等是。所谓五亲等内之姻
亲，指因配偶而发生他方五亲等内之亲属关系也。其亲等之计算法如
下：（一）血亲之配偶，从其配偶之亲等；（二）配偶之血亲，从其与
配偶之亲等；（三）配偶之血亲之配偶，从其与配偶之亲等。例如父
兄弟姊妹孙之妻及孙女之夫与父母兄弟姊妹之孙子女及孙之妻孙女之
夫等为五亲等内之姻亲是。凡列为此等之人，均有使公证发生不公平
之虞，故本条第八款明示不得为见证人或证人。

（九）公证处之书记官及雇员。

公证处之书记官，为辅助推事办理公证事务（第三条参照）。公证之雇员，亦为辅助推事或书记官办理公证事务，惟其为雇佣契约之关系，而服公证职务上之劳务者。凡此等之人，对于推事有一种服从关系，故不能充当见证人或证人。本条第九款亦明示限制之。

有上列各款情形之一，不得充当见证人或证人，此外无何种限制，不问为中国人或为外人，为男性或为女性，皆可为见证人或证人。

上列各款资格，应由请求人或其代理人负调查之责，惟公证人若知其有此情形，可拒绝证书之作成。

本条之规定，于认证私证书准用之。（第四十四条参照）

二　立法例

日本公证人法

通译及见证人，须由嘱托人或其代理人选定之，见证人得兼充通译。

下列之人不得充见证人：

（一）未成年者。

（二）第十四条所载者。

（三）不能亲自署名者。

（四）于嘱托事项有利害关系者。

（五）于嘱托事项为代理人或辅佐人，或曾为代理人辅佐人者。

（六）公证人嘱托人或其代理人之配偶者，四亲等内之亲族同居之户主，或家族法定代理人保佐人雇人或同居人。

（七）公证人之书记。（第三十四条）

比利时公证人法

二公证人有第八条所禁亲等以内之血亲，姻亲关系者，不得共同制作公证书。（一九二二年十二月十六日修正）公证人或当事人之配偶或其第八条所禁亲等以内之血亲，姻亲，及其书记，仆役，不得为见证人。夫妇不得在同一证书内为证人。（第十条）

德国联邦非讼事件法案

法官，公证人，书记处证书官或证人如有下列情形者，不得参与作成证书：

（一）自己为当事人或当事人为其代理人；

（二）为当事人之配偶或过去之配偶；

（三）与当事人有直系或旁系二等血亲姻亲关系者；

（四）如当事人为代理人，而各该员与被代理人有第二三两款中揭示之关系者。（第一七〇条）

法官，公证人，书记处证书官或证人于下列各款之情形，不得参与作成证书：

（一）证书中之处分与其有利益时；

（二）因证书中之处分受有利益者与各该员有第一七〇条第二三两款中所揭示之关系时。

依前项应行回避之人参与作成证书时，如其标的为有利于第一项第二款所揭示之人之处分，则其证书之作成为无效。（第一七一条）

书记处证书官，第二公证人或证人与法官或作成证书之公证人有第一七〇条第二三两款中揭示之关系者，不得参与作成证书。（第一七二条）

下列各款之人，于作成证书时，不得参与为证人：

（一）未成年人；

（二）宣告丧失公权人，在褫夺公权之存续期间中；

（三）依刑法之规定，无举行证人宣誓之能力者；

（四）在法官或公证人处为婢仆或助手者。（第一七三条）

德国民法

下列各款之人，于立遗嘱时，不得为证人：

（一）未成年人；

（二）宣告丧失公权人，在褫夺公权之存续期间中；

（三）依刑法之规定，无举行证人宣誓能力人；

（四）在法官或公证人处为仆役或助手者。（第二二三七条）

法国公证人法

（一九〇二年八月十二日修正）公证书得由公证人一人制作，但下列各种证书，不在此限。

（一）遗嘱及表敬书（法国婚制，成年男女，婚姻自由，父母如不同意，则只须以表敬书告知，便可结婚，父母之权，至此完全失效，然而必告之礼不敢废，犹有孝敬之遗风也），应按照民法典之规定为之。

（二）赠与契约，夫妇间之赠与契约而非载入婚姻契约内者，赠与之承受，遗嘱或赠与之撤销以及私生子之认知等书状，以认可上述各项行为为目的之委任状或许可证等，应由公证人二人制作之，或由公证人一人制作，而以证人二人到场证明之，违则无效。

前项之第二公证人或证人二人，须在第一公证人宣读证书与当事人签名或声明不知或不能签名时到场，并须记载于证书，违则无效。

（三）当事人不知或不能签名之文书，应由第二公证人或证人二人签名证明之。

　　前项第二款之见证人，不论男女，须为法国人，成年而知签名并享有各种私权。但夫妇不得在同一证书内为证人。（第九条）

　　二公证人如系亲属或姻属而在第八条所禁亲等内者，不得共同作一证书。

　　公证人或当事人之亲属或姻属在第八条所禁亲等内者，以及公证人之书记员与仆役，均不得为证人。（第十条）

　　（一九○二年八月十二日修正）当事人之姓名，身份及住址，须为公证人所知，或由公证人所认识且知签名，并具备充当见证人同样资格之成年人二人，在证书上证明之。（第十一条）

三　理论

　　本条仿日本《公证人法》第三十四条之立法例，惟学说上评述本条立法上之失颇分，兹择其要者录之如下：

　　宝道之意见："日本《公证法》第三十四条之规定与此条同。但余以为此种规定未免过严。按第二十三条之规定，不得充见证人或证人者共九款。公证人作成公证书时所用之见证人或证人若系在此九款之一者，则所作成之公证书无效，自不待言。然在中国，余不知公证人何从知悉某证人于二三十年前曾受三月或六月徒刑之处罚，或曾受破产宣告尚未复权；或因惩戒处分曾被免职。有时公务员被免职之原因与其个人名誉价值及证明他人身份之能力毫无关系者，何以不得充证人或见证人？

　　关于以上各点，在各国却有各种调查之方法，例如，在多数国家，公证人应将其管辖区域内之禁治产名单粘贴于公证处；法国及欧洲各地，任何人均有请求法院书记处发给犯罪人名簿之节录，以证明本人为未受处罚裁判者；然在中国不知何从查考。

在中国，对于为证人之资格若规定过严，恐徒足贻害于公证书之效力，并使人民对于公证程序发生恶感。

就另一方面而言，第二十三条所定为无资格之人，实际上往往均为最可相信之证人或见证人（尤其是此种之人为公证人个人所认识者）。

各国公证法，关于此点，远不如第二十三条规定之苛。按法国《公证法》（第十一条）及意大利《公证法》（五十条）之规定，只须成年之市民，居住于本地，享有公民权利且就公证书无利害关系者，均得为证人或见证人；而土耳其之公证法，除准许公证人得令证人宣誓者外，对于为证人之资格，并不定任何特别条件。

第二十三条规定凡与推事或请求人有亲属关系者，均不得为证人一项，余更不知其故何在？今假设余为公证人，余之兄弟向余证明某第三人确系本人时，余兄弟之言反不如任何友人或当事人之可信乎？余所认识之某甲向余证明其弟或其侄实系本人时，余能谓其言不足信，其弟或侄之身分，须由其他与该弟或侄认识较浅之人证明，然后始可信以为真乎？若然，则未免近于滑稽。

或谓亲属之人，系因有所关系而证明，故不得充证人或见证人，然即是因其有所关系之故，吾人始可信其言为真实也。

余意第二十三条之原文，可改为较简之规定如下：

见证人或证人，不论男女或中外国籍，应为成年人，在公证人管辖区域内居住，享有公民权利并能签名者。”

以上所言，评述本条所定之条件太苛，主张应予修改。

司法行政部民事司之意见：“本条似可依原意见书所述理由酌予修改以期便利。”

此意见亦附和宝道之立论。余以为宝道所谓：“然在中国，余不知公证人何从知悉某证人于二三十年前曾受三月或六月徒刑之处罚，或曾受破产宣告尚未复权，或因惩戒处分曾被免职。"云云，而主张此等之人仍应许其得为见证人或证人。如不知法律贵在于精密，宁可备而不用，不可用而不备，断不可徒以事实上发生困难，则不应予以规定，殊难认其立论为正当。至其谓亲属亦不应予以禁止为证人或见证人等语，查本条立法理由，无非恐其有偏颇之虞，而加以禁止，亦非无因。各国立法，如日本《公证法》第三十四条，德国联邦非讼事件法案第一百七十条，比国《公证人法》第十条，法国《公证法》第十条，亦不无先例，何能谓本款之规定未免近于滑稽？惟其亲等规定七亲等内之血亲，五亲等内之姻亲，似乎太苛，应略加修正为是。观诸日本《公证法》第三十四条第六款规定，亦仅以四亲等内之亲族为限。

第二十四条　推事作成公证书，应将请求人或其代理人之陈述及所见之状况，并其他实验之事实记载之，其实验之方法应一并记载。

一　注　释

本条规定公证书本旨之记载方法。

公证之目的，在于期待证书之公正，若其证书内之记载暧昧不明，或就违反法令事项及无效之法律行为作成，非仅证书无公证之效力，且公证制度之信用必致于一败涂地。故推事作成公证书，应将请求人或其代理人之陈述及所见之状况，与其他实验之事实及其实验之方法一并记载，并无遗漏，方足以使公证书发生公证之效力。

推事作成公证书，不问其为法律行为，或关于其私权之事实，只须不违反法令事项及无效之法律行为而为请求，均得作成。

所谓应将请求人或其代理人之陈述及所见之状况记载之，指请求人或其代理人在推事面前之陈述，为推事所听知及其所见之状况，应记载之而言。惟其陈述，必须为推事亲自听知者，若由传闻而得，不得记载。至其陈述不限于口头为之，若预先以书面记载，届时提出于推事之前以代陈述，或以笔谈之方法以代陈述，均无不可。又推事所见之状况，须推事亲自凭视觉所得之一切状况为限，若由他人传闻之状况，不得记载。至其状况不限于人之状况，则物之状况，均得记载，惟须与请求之事件有关者为限。

所谓其他实验之事实记载之，指推事调查所得之事实应记载之而言。例如推事亲至土地内丈量之数，或亲自用度量衡量定动产之数等是。

所谓实验之方法，例如对于该物之数量，系所见，或量得，或计算等方法是。

二　立法例

日本公证人法

公证人制作证书，须记载其所听得之陈述，目击之状况，及其他亲自实验之事实与其实验之方法。（第三十五条）

三　理论

本条仿日本《公证人法》第三十五条之规定，学说上对于本条亦有评述其得失，兹特录之如下：

宝道之意见：本条规定：推事作成公证书，应将请求人或其代理人之陈述及所见之状况并其他实验之事实记载之，其实验之方法应一并记载。

此条第二段之规定，或在中文原本，或在余处所有之英法文译本，均不能使人明了。查此条文系由日本《公证法》第三十五条抄袭而来；然在日本公证法之英文译本中，该条之规定极易了解。兹将该第三十五条之条文揭之于下：

公证人作成公证书，应记载其所听得之陈述，目击之状况及其他亲自实验之事实与其实验之方法。

此条规定显系谕知公证人在其公证书内不但得记载当事人所定之条款，且其所见之事实。如现金之给付，文书之交付，失效字据之毁灭等等，亦得一并记载。

但在文例方面，吾人对于该条规定，尚有不满之处：该条似谓公证人应记载当事人之陈述而已。殊不知公证人之职务，若只限于记载此种当事人之陈述，则公证书不合于法定之格式者，将不可胜数，在普通情形，当事人往访公证人时，自己仅有一种意思，例如订立买卖契约，夫妇财产契约，作成抵押证书等等；然究竟如何陈述此种意思，与其所欲作成之证书应采用何种格式，彼辈尚毫无成见；甚至于当事人亦有不知采用何种法律行为始可实现自己之意思而请教于公证人者，于是公证人不但应记载当事人之陈述，且应依当事人之意思为其制作一纸合法而有效之证书矣。

在该证书内，公证人固应记载某种所见之事项，然公证人作成公证书时，并无任何所见之状况或实验之事实者，亦为常有之事。今第二十四条之规定，似欲不论任何情形，公证人均须记载所见之状况或实验之事实；如上所述，此种规定，则不无危险。

在余所参考之各国公证法中，任何法律，均无与第二十四条相类之规定；且除土耳其之公证法外，任何其他法律，未尝以明文规定公证人应依照当事人之意思作成公证书。

即就日本一九〇八年之《公证法》而论，该法之第三十五条虽为中国暂行规则第二十四条之直接模型，在其一九〇九年之施行细则中，亦有二条补充之规定如下：

第十一条——公证人就其法律行为作成公证书或予以认证时，如对于该法律行为之有效与否，当事人有无加以相当考虑及行为人之能力有无欠缺，发生疑问时，得促关系人之注意，并得令其为必要之说明。

第十二条——公证人就非法律行为之事实作成公证书时，如对于因该事实受影响之私权关系发生疑问时，得促关系人之注意，并得令其为必要之说明。

以上二条颇堪重视，因其对于公证人真正职务之规定较第三十五条之规定尤为确切。然再与以前所述之摩洛哥《公证法》第一条一比，则后者更胜一筹。

摩洛哥《公证法》第一条："公证人对于当事人应供给意见，告以就契约标的所知之事项，并使之明了其所作成或帮助作成证书之效力及效果。"

上项规定之切近于现实，较诸日本法第三十五条之规定，奚啻霄壤之别。

总之，余拟将第二十四条之规定，修改如下：

"推事向当事人为所有必要之说明并使之明了其所欲执行法律行为之效果后，依当事人之意思作成公证书。"

"推事于必要时，应将其所见及实验之事项，记载于公证书内。有实验之事实者，应载明实验之方法。"

上述理由，恐本条之规定，易于发生危险，并主张修正其原文。

司法行政部民事司之意见："原意见书所述理由，仅系文字关系，似可无庸修改。"

上述理由，谓宝道所拟应行修改之处，系属文字关系，似无修改之必要。余以为宝道所拟修改条文第一项，实有可采之处，盖法律上明定公证推事应负有此义务，便利请求人之处极多。至拟将请求人或其代理人之陈述及所见状况之记载，认为有必要时为限，似无修改之必要。盖请求人之陈述，及所见之状况，为证书之主旨，断不能随推事之自由略而不载，致失公证制度之真义。

第二十五条　公证书除记载其本旨外，并应记载下列事项：

（一）公证书之号数。

（二）请求人之姓名，性别，年龄，职业，住所或居所，为法人者，其名称及事务所。

（三）由代理人请求者，其事由及代理人之姓名，性别，年龄，职业，住所或居所及其授权书之提出。

（四）与请求人或代理人认识者，其事由，如经提出证明书，或推事认识之证人证明为本人者，其事由，并该证人姓名，性别，年龄，职业，住所或居所。

（五）曾提出已得第三人允许或同意之证明书者，其事由，并该第三人之姓名，性别，年龄，职业，住所或居所，为法人者，其名称及事务所。

（六）有通译或见证人在场者，其事由及其姓名，性别，年龄，职业，住所或居所。

（七）作成之年月日及处所。

一　注释

本条规定公证书本旨以外之应载事项。

公证书为证明法律行为或其他关于私权事实之证书，须有一定方式,方得使证书发生公证之效力。故公证书之方式,亦为作成证书之必要条件,若证书记载欠缺,其证书自必无效。本规则仿日、法、比、德等国之立法例,明定公证书除记载其本旨外,并应记载下列事项。所谓公证书除记载其本旨外,指推事作成公证书,除应将请求人或其代理人之陈述及所见之状况,并其他实验之事实,与实验之方法等本旨记载外而言。(第二十四条参照)所谓应记载下列事项,指如下所定之事项而言,兹分述之。

(一)公证书之号数。

公证书之种类不同,除公证书外,尚有拒绝证书,公证遗嘱等类,此之所谓公证书之号数,应解为依同类证书所编制之号数,例如公证书某号,拒绝证书某号,公证遗嘱证书某号等是。

(二)请求人之姓名,性别,年龄,职业,住所或居所,为法人者,其名称及事务所。

所谓姓名,性别,年龄,职业,例如宗国雄男性(或女性)现年二十六岁业商是。所谓住所,指以久住之意思,住于一定之地域而言,惟一人同时不得有两住所。所谓居所,指以一定之目的,暂时继续居住之处所而言。居所不以一处为限。所谓法人,包括公法人与私法人而言,公法人,即依公法规定之法律事实所产生之法人;私法人,即已经登记或许可之社团财团,在法律上取得人格之法人,前者如国家各机关是,后者如公司是。所谓其名称及事务所,指法人之名称与办理事务之处所而言,例如国立中央大学(公法人之名称)设南京四牌楼,或中华公司(私法人之名称)设上海薛华立路等是。

请求人为多数时,在收件簿仅得记载当事人之首列人姓名,及此外若干名为已足,(《公证暂行规则施行细则》第十条参照)惟在公证书内若请求人为多数时,应解为须一一记载为是。

(三)由代理人请求者,其事由及代理人之姓名,性别,年龄,职业，住所或居所及其授权书之提出。

本规则第二十条明定得由代理人代为请求，故由代理人请求者，因何事由而代理，及其姓名，性别，年龄，职业，住所或居所及其授权书之提出，均一一记载。惟此所谓代理人，以本款全文观之，似以委任代理人（授权之代理人）为限，但有时请求人为无行为能力人，由法定代理人代为请求者，亦应将其姓名，性别，年龄，职业，住所或居所一一记载为是。故本款之代理人，似以解为包括委任代理人及法定代理人较为妥洽。

（四）与请求人或代理人认识者，其事由，如系提出证明书，或推事认识之证人证明为本人者，其事由，并该证人姓名，性别，年龄，职业，住所或居所。

推事作成公证书，如不认识请求人或代理人时，应使其提出该管区长或商会或警察署长之证明书，或以推事所认识之证人二人证明其实系本人，请求人为外国人者，得提出该本国公使或领事之证明书（第十七条参照）。故与请求人或代理人认识者，其事由，如系经提出证明书，或推事认识之证人证明为本人者，其事由，并该证人姓名，性别，年龄，职业，住所或居所一一记载，以明其证明为本人之真实也。

（五）曾提出已得第三人允许或同意之证明书者，其事由，并该第三人之姓名，性别，年龄，职业，住所或居所，为法人者，其名称及事务所。

就须得第三人允许或同意之法律行为，请来作成公证书，应提出已得允许或同意之证明书。（第二十一条参照）故曾提出已得第三人允许或同意之证明书者，其事由并该第三人之姓名，性别，年龄，职业，住所或居所，为法人者，其名称及事务所，均一一记载，以明其已提出证明书，及允许或同意之人。

（六）有通译或见证人在场者，其事由及其姓名，性别，年龄，职业，住所或居所。

请求人不通中国语言，或聋哑而不能用文字达意者，推事作成公证书应使通译在场。（第十八条参照）若请求人为瞽者，或不识文字者，推事作成公证书，应使见证人在场，虽无此情形，而经请求人请求者亦同。（第十九条参照）故对于请求事件，有通译或见证人在场者，其事由及其姓名，性别，年龄，职业，住所或居所，亦应一一记载。

（七）作成之年月日及处所。

作成证书之年月日及处所，亦为公证书中最重要之条件，不可将其遗漏，其应记载如下等字样，例如本证书于中华民国二十五年九月十日在上海第二特区地方法院公证处作成是。

二　立法例

日本公证人法

公证人制作证书，除其主旨外，并应记载下列事项：

（一）证书之号数；

（二）嘱托人之住所，职业，姓名，年龄，为法人者其名称及事务所；

（三）由代理人嘱托时，其事由，并使其提出能证明代理权限之证书之情形，及代理人之住所。职业，姓名，年龄；

（四）知嘱托人或其代理人之姓名，并与其相识者，其事由；

（五）曾使提出已得第三者许可或同意之证明书者，其事由，及第三者之住所，职业，姓名，年龄，为法人者其名称及事务所；

（六）曾使提出市区町村长所作成之印鉴证明书，或警察官吏领事之证明书证明其实系本人，或证书系真实者，其事由；

（七）由知姓名且并相识之证人证明其实系本人者其事由，及证人之住所，职业，姓名，年龄；

（八）因有急迫情形而未曾证明其实系本人者，其事由；

（九）曾使通译或见证人在场者，其事由，及通译见证人之住所，职业，姓名，年龄；

（十）作成之年月日及事务所。（第三十六条）

法国公证人法

一切证书，均须记载制作之公证人之姓名及住址，违则处该公证人以百佛郎罚金。

见证人之姓名，住址及证书作成之年月日与地点，亦须记载于证书，违则依本法第六十三条处罚之，如有伪证情事，并处以伪证罪。（第十二条）

比利时公证人法

公证书应记载制作公证人之姓名及住址，违则处公证人以百佛郎之罚金。

（一九二二年十二月十六日修正）见证人之姓氏，通常使用之名字及住址，与制作证书之年月日及地点，均须记载于公证书内，违则处以第六十八条之罪，如有伪证并处以伪证罪。（第十二条）

德国联邦非讼事件法案

笔录应包括下列各事项：

（一）办理地点及日期；

（二）当事人及参与作成证书人等之姓名；

（三）当事人之表示。

在表示中，牵涉一种文件，收为笔录之附件者，构成笔录之一部分。

　　笔录应注明法官或公证人是否认识当事人，如不认识时，应注明确实断定当事人为本人之理由，若是否本人无由确断，而请求开始办理时，则其事相及其所提出之证明确为本人之证件，应载入笔录。（第一七六条）

三　实务

○○○○公证书　　　字第　　号

人		姓名	性别	年龄	国籍或省籍	职业	住所或居所	委任代理之原因及其权限	与推事认识者其事由	与推事不认识者其证明书或证人	备考
当事人	代理人										
	人										
	代理人										
法律行为(关于私权之事实)之本旨											
应径受强制执行者其本旨											
有第三人允许或同意者其证明［姓名性别年龄籍贯职业住所或居所经提出允许（同意）书为证］											
有通译或见证人到场者其事由		姓名性别年龄籍贯职业住所或居所因……依公证暂行规则第十八（九）条到场										
作成证书之年月日及处所		本证书于中华民国　　年　月　　日在某某地方法院公证处作成										

上证书经下列在场人证明无误			
	人某某	名　章	
	代理人　同	右	
	人　同	右	
	代理人　同	右	
	通　译　同	右	
	见证人　同	右	
中华民国　　年　　月　　日			
	某某地院公证处推事某某	名　章	

第二十六条　公证书应文句简明，字画清晰，其字行应相接续，如有空白，须以墨线填充。

记载年月日号数及其他数目，应用大写数字。

一　注释

本条规定公证书之写法。

公证书之目的，为求其有公证之效力，若公证书之记载文句诘诎，字画糊涂，难免不发生曲解之嫌，致失公证之效力。故本条特为明定公证书应文句简明，字画清晰。

所谓文句简明，指证书内记载之文句，应言括意赅，并须明显而言。若仅简而不明，明而不简，均有未洽之处；但两者宁可失简，而不可失明，此为最要之主旨。

所谓字画清晰，只须所书之字画清楚则可，其字体不限于正楷，虽行书，草书亦无不可。

至证书内所书之字行，应相连续，如有空白，须以墨线填充。盖预防日后有添改之虞。

所谓连续，指每字每行均相紧接而言。所谓空白须以墨线填满，指有未书之空白地位，须以墨线填补充满之而言。

又记载年月日号数及其他数目，应用大写数字。盖证书之号数及年月日与其他关于数量之数字，关系至为重要，若以小写为之，易于更改故也，至其他无更改必要之数字，例如门牌之数字是。不限于用大写数字为之。

本条之规定，对于登记簿，公证书之原本，缮本，节录缮本，附属文书，认证书，认证簿等记载均准用之。（第三十四条，第四十一条，第四十四条，第四十六条参照）

二　立法例

日本公证人法

公证人制作证书，须用普通平易文句，其字画并应明晰。

应连接之字行有空白时，须以墨线勾连之，数量年月日及号数之记载，须用壹贰叁拾等大写数字。（第三十七条）

法国公证人法

（一九二六年二月二十一日修正）公证书（原本或节本）应由公证人负责，或以笔书，或以打字，印刷，石印或排印，均须用黑色不致磨灭之墨，而以官署文牍上认可之文字制作之，全文应成一体，文句联贯，字迹分明，不得有省笔空白缺隙及插行，并须记载各当事人，有证人时，及各证人之姓名，资格及住址，凡款额及年月日之记载，均须用数字为之。（即不得用阿拉伯数码之谓）订约人之委任状，须附订于原本，原本内并须有"证书已向当事人宣读"之记载，违反本条之规定时，处公证人以百佛郎罚金。

以打字作成之缮本，应为直接打出之底本，不得以复写纸夹印之本代替之。（第十三条）

三　理　论

公证书如何制作？本规则无明示之规定，余以为可仿法国《公证人法》第十三条之立法例，另行增订，较为妥洽，该条规定，即公证书或以笔书，或以打字，印刷，石印或排印，均须用黑色不致磨灭之墨云云是也。惟文字应略加修改，试拟如下：

公证书应依司法行政部规定格式印成空白，其所填之文字，以笔书，打字，或印刷作成之。

前项证书之作成，应用黑色不变之墨。

第二十七条　公证书不得挖补或涂改文字，如有增加或删除，应依下列方法行之：

（一）删除字句，应留存字迹，俾得辨认。

（二）公证书末尾或栏外，应记明增删字数，由推事及请求人或其代理人见证人盖章。

违反前项规定所为之更正无效。

一　注　释

本条规定挖改之禁止及增删之方法。

作成公证书之时，难免不无遗漏或错误，但不得将其挖补或涂改。所谓挖补，指将原有之文字裁脱，另行补之而言。所谓涂改，指将原有文字改其他文字而言。例如将余字改徐字是。

　　如有增加或删除，其删除之字据，应留原有之形迹，俾得辨认其所删除之字为何字。又应将增删之文字及字数记明于公证书末尾或栏外，并由推事及请求人或其代理人见证人盖章，以证明其增删。倘违反上述规定，其所为之更正无效。易言之其所为更正，不生公证之效力。

　　本条之规定，对于登记簿之增删，公证书之正本缮本节录缮本，或其附属文书之增删，认证书之增删，认证簿之增删，亦准用之。（第三十四条，第四十一条，第四十四条，第四十六条参照）

二　立法例

日本公证人法

　　证书之文字不得改窜。

　　证书如须插入文字时，须将其文字及处所记载于栏外或末尾之空白处，并由公证人嘱托人或其代理人见证人盖章。

　　证书之文字有删除时，其删除文字，应留存字迹，并将其字数及处所，记载于栏外或末尾空白处，由公证人嘱托人或其代理人见证人盖章。

　　违背前三项规定所为之改正无效。（第三十八条）

法国公证人法

　　证书格内，不得挤写，加行，添补。违者，其挤写及加添之字无效。有字涂销者，须于该书栏外或书末，按照上条参照记载所用之方式，将全书字数，确切载明。违则处公证人以五十佛郎罚金。如有损害，并须赔偿，诈欺者免职。（第十六条）

第二十八条　推事应将作成之公证书，向在场人朗读或使其阅览，经请求人或代理人承认无误后，记明其事由。

有通译在场时，应使通译将证书译述，并记明其事由。

为前二项之记载时，推事及在场人应各自签名盖章，其不能签名者，推事或见证人得代签名，使本人盖章或按指印，并记明其事由，由推事及见证人盖章。

证书有数页者，推事请求人或其代理人及见证人应于每页骑缝处盖章或按指印；但证书各页能证明全部连续无误，虽缺一部分人盖章，其证书仍属有效。

一　注释

本条规定公证书之朗读阅览签名盖章及其连续。

推事作成公证书，应将请求人或其代理人之陈述及所见之状况，并其他实验之事实及实验方法之本旨，与第二十五条各项之规定，一并记载之，（第二十四条及第二十五条参照）惟为求公证书之真正起见，推事应将作成公证书之内容，向在场人朗读，倘在场人均能了解文义者，可毋庸朗读，仅将公证书使其阅览，亦为法之所许。此之所谓在场人，应作广义解释，凡为关系公证事务之在场者，如请求人，代理人，通译，见证人均包括本范围内。

推事作成之公证书，向在场人朗读或使其阅览后，如请求人或代理人认为记载错误者，应将其记载更正，若经请求人或代理人承认其记载无误者，推事应记明其事由。惟见证人及通译无承认或请求更正之权。

请求人或代理人不通中国语言，或聋哑而不能用文字达意者，有通译在场时，推事应使通译将作成之公证书译述。其译述之方法，用口头译述，或用文字译述均无不可。至其因何事由而译述，应记明于证书之内。

公证书作成经朗读或使请求人或代理人阅览并经承认后,虽其证书之内容均已具备;但未经推事及在场人签名盖章,仍不能发生公证之效力。故本条第三项特为明定。即为前二项之记载时,推事及在场人应各自签名盖章。惟在场之人有不能签名者,究用如何之方法以救济之?不得不有明文规定,故本条第三项后段特示明推事或见证人得代签名,使本人盖章或按指印,并记明其事由,由推事及见证人盖章。

至见证人如不能签名时?本规则无明文规定,依当然解释,可由推事代为签名为是。

所谓签名,应解为非仅签其名为限,并须签其姓。盖此为文字上简略起见,仅以签名两字而包括签姓签名等项。

证书若仅为一页固无问题,若证书有数页时,难免不发生遗失或有改订之虞,况公证制度为保护私权而设,非于事前加以防范不可,故本条第四项特为明定,证书有数页者,推事请求人或其代理人及见证人,应于各页之骑缝处盖章或按指印。

证书固以每页骑缝处由权事请求人或其代理人及见证人盖章或按指印为原则,否则,无效。倘证书各页已能证明全部连续无误,若缺一部分人盖章或按指印,则认为证书无效,似乎太苛,故本条第四项特设但书之规定,仍认其为有效。

所谓能证明全部连续无误。例如证书各页之骑缝处,有推事及请求人盖章,仅缺见证人盖章,或有推事及见证人盖章,仅缺请求人盖章,已能证明全部显相接续者是也。

又请求人为多数时,其全部不能尽盖骑缝印或按指印,而其一部之人已为之者,其证书亦应解为仍属有效。

本条第四项之规定,于认证私证书准用之。(第四十四条参照)

二　立法例

日本公证人法

公证人应将所制作之证书，向列席人朗读或使之阅览，经嘱托人或其代理人承认后，将其事由记载于证书内。

有通译在场时，除前项之外，应使通译将证书通译，并记载其事由于证书内。

为前二项之记载时，公证人及列席人，应各于证书署名盖章。

列席人如有不能署名者时，应记载其事由，于证书内，由公证人见证人盖章。

证书有数页时，公证人嘱托人或其代理人见证人应于每页骑缝处盖章。

证书经公证人嘱托人或其代理人见证人于骑缝盖章，而证书之全部连接显无疑义时，虽违背前项规定，仍不影响其效力。（第三十九条）

德国联邦非讼事件法案

参与作成证书之人，于朗读认可及签署证书时，均应在场。（第一七四条）

笔录应朗读之，由当事人认可并亲笔签名。于笔录中应证明其已如此办理。若当事人宣称不能书写者，其宣称亦应于笔录中予以证明，在朗读及认可时，法官或公证人应使一证人到场。但有第一六九条情形者，毋须其到场；有其他情形，使书记处证书官或第二公证人到场者，亦同。笔录应由参与作成人等签名。（第一七七条）

法国公证人法

各项证书，均须由当事人，证人及公证人签名，并须于书末载明之。

如当事人系不知或不能签名者，公证人亦须将其不知不能之声明，载于书末。（第十四条）

三 理 论

本条第三项规定：为前二项之记载时，推事及在场人应各自签名盖章，其不能签名者，推事或见证人得代签名，使本人盖章或按指印，并记明其事由，由推事及见证人盖章。而对于见证人不能签名者，独无规定，于立法上仍欠周密，盖见证人未必均能签名，况以我国情形观之，文盲几占百分之八十，更不待言，倘有此等情事发生，于适用上难免不发生争议。故余以为关于见证人不能签名时，似应明示推事得代为签名，较为明显。

第二十九条 公证书内引用他文书为附件者，推事请求人或其代理人见证人，应于公证书与该附件之骑缝处盖章或按指印。

前三条之规定，于前项附件准用之。

前项附件视为公证书之一部。

一 注 释

本条规定附件之连续。

推事作成公证书时，关于他种文书，足为证书内记载之资料者，可毋庸抄录，仅将该文书为附件，非仅足以节省手续，并能存在其原有之证明力。故本条第一项明示得引用他文书为公证书之附件。惟推事请求人或其代理人见证人，应于公证书与该附件之骑缝处盖章或按指印。

他种文书被引用为公证书之附件者，其效力与公证书同。故须注意下列各点：

（一）附件应文句简明，字画清晰，其字行应相接续，如有空白，须以墨线填充。

记载年月日号数及其他数目，应用大写数字。（第二十六条参照）

（二）附件不得挖补或涂改文字，如有增加或删除，应依下列方法行之：

一、删除字据，应留存字迹，俾得辨认；

二、附件末尾或栏外，应记明增删字数，由推事及请求人或其代理人见证人盖章。

违反前项规定所为之更正无效。（第二十七条参照）

（三）推事应将附件之文书，向在场人朗读或使其阅览，经请求人或代理人承认无误后，记明其事由。

有通译在场时，应使通译将证书译述，并记明其事由。

为前二项之记载时，推事及在场人应各自签名盖章，其不能签名者，推事或见证人得代签名，使本人盖章或按指印，并记明其事由，由推事及见证人盖章。

附件有数页者，推事请求人或其代理人及见证人应于每页骑缝处盖章或按指印；但附件各页能证明全部连续无误，虽认一部分人盖章，其附件仍属有效。（第二十八条参照）

公证书内引用他文书为附件者，其附件之效力如何？不得不有明文规定，故本条第三项特为明示，视为公证书之一部，易言之，即附件之效力与公证书同。

二　立法例

日本公证人法

公证人制作证书，引用他文书并以为证书之附件，公证人嘱托人或其代理人见证人应于其证书与附件之骑缝处盖章。

前三条之规定，于前项附件准用之。

依照前二项规定所添加之附件，视为公证人所作证书之一部。
（第四十条）

法国公证人法

（一九二六年二月二十一日修正）除后列特例外，证书内如有参照之记载及附注时，只得写于栏外，须由公证人及其他人之签名人签名或画押证明之。违则其参照之记载及附注无效。如参照之记载文句太长，须写于书末者，则除签名或画押外，并须当事人特别证明，违则其记载无效。

凡公证人制作证书，而以笔书以外之方法，誊写全部或一部分时，应于每页正面之下，由当事人，公证人，有证人时，及各证人签名证明之。凡未签名之页数，其记载一律无效。（第十五条）

第三十条　推事应将各种证明书及其他附属文件连缀于公证书，加盖骑缝章，并使请求人或其代理人见证人盖章或按指印。

一　注释

本条规定证明书等连缀于公证书之方法。

关于下列各种证明书及其他附属文件，推事应连缀于公证书，加盖骑缝章，并使请求人或其代理人见证人盖章或按指印：

（一）区长之证明书。

（二）警察署长之证明书。

（三）商会之证明书。

（四）公使之证明书。

（五）领事之证明书。

（六）第三人允许之证明书。

（七）第三人同意之证明书。

（八）代理人之授权书。

（九）其他附属文件。

以上各种证明书及其他附属文件，在请求作成公证书时提出者，应连缀于公证书加盖各人骑缝章或按指印，盖俾他日易于查考之故也。

违反本条规定，其公证书有无公证效力？本规则无明文规定，依第十条之规定观之，似应解为无效。惟以事实上而论，若能以其他方法证明公证书合法作成，虽欠缺本条之连缀盖章，亦不能解为绝对无效为是。

于此以外，尚有注意之处，即请求人所呈证明文件及其他应行发还之文件，公证处应加盖该处印章，并分别记载公证书登记簿册数页数公证书号数，或认证簿册数页数号数，收件年月日，收件号数发还原请求人。（《公证暂行规则施行细则》第四条参照）

二　立法例

日本公证人法

证明代理人权限之证书，市区町村长警察官吏或领事之证明书，暨证明已得第三者许可或同意之证书，及其他附属书类，应与公证人所作之证书连缀。

公证人嘱托人或其代理人见证人，应于证书与其附属书类之骑缝处及附属书类间之骑缝处盖章。（第四十一条）

法国公证人法

（一九二六年二月二十一日修正）除后列特例外，证书内如有参照之记载及附注时，只得写于栏外，须由公证人及其他之签名人签名或画押证明之。违则其参照之记载及附注无效。如参照之记载文句太长，须写于书末者，则除签名或画押外，并须当事人特别证明，违则其记载无效。

凡公证人制作证书，而以笔书以外之方法，誊写全部或一部分时，应于每页正面之下，由当事人，公证人，有证人时，及各证人签名证明之。凡未签名之页数，其记载一律无效。（第十五条）

第三十一条　公证书之原本灭失时，推事应征求已交付之正本或缮本，经地方法院院长认可，再作成正本替代原本保存之。

前项情形及认可之年月日，应记明于正本内，并签名盖章。

一　注释

本条规定公证书原本灭失时之办法。

推事作成之公证书原本除因事变外，不得携出，（第十四条参照）此项证书，永远保存之。（《公证暂行规则施行细则》第十一条参照）倘保存之公证书原本有灭失时，究依如何方法以救济之？不可无明文规定，故本条特为明示推事应征求已交付请求人或其继承人之正本，或已交付请求人或其继承人或就公证书有法律上利害关系人之缮本，经地方法院院长认可，再作成正本替代原本保存之。惟此种情形及认可之年月日，应记明于正本内，并签名盖章，俾便查考。

此之所谓应记明于正本内，是否应记载于推事所征求已交付之正本？抑应记载于再作成正本？依全条之文义观察，应解为记载于再作成之正本内为是。

又此之所谓签名盖章，指推事之签名盖章而言，不可不注意也。

惟此有应研究之处，公证书之原本灭失时，推事无从征求已交付之正本或缮本时，究依何法处理？本规则无明文规定，有待于将来之解释。

此外，尚有注意之处，即公证书一部或全部灭失时，推事应即将灭失证书之种类，灭失之事由及年月日，陈明地方法院院长并请核定三个月以上之期限，征求公证书正本或缮本依式作成新正本保存之。

前项新正本内，应记明原本灭失之事由及年月日，新正本作成之年月日，由推事签名盖章。（《公证暂行规则施行细则》第十四条参照）

二　立法例

日本公证人法

证书原本灭失时，公证人应征取已交付之证书正本或缮本，经其所隶属之地方裁判所长之认可，代替灭失之证书而保存之。

公证人应将前项情形及认可之年月日记载于代替正本之证书内，并署名盖章。（第四十二条）

第三十二条　请求人或其继承人及就公证书有法律上利害关系之人，得请求阅览公证书原本。

第十七条，第二十条，第二十一条之规定，于依前项规定请求阅览时准用之。

请求人之继承人及就公证书有法律上利害关系人请求阅览时，应使提出证明书。

第二十条第二项之规定，于前项证明书准用之。

一　注释

本条规定请求阅览公证书原本之情形。

公证书之原本，除因避免事变外，不得携出，由公证处永远保存之。（第十四条及《公证暂行规则施行细则》第十一条参照）若与公证书有法律上利害关系者，得请求阅览公证书原本。其有请求权之人，以如下之规定为限：

（一）请求人　指请求作成公证书原本之人而言。至请求人有多数时，虽由其中一人而为请求，亦得解为法律所许。

（二）请求人之继承人　此之所谓继承人，据一般学者主张，应采广义解释，无论包括继承人，特定继承人俱包含之。易言之，即请求人之权利继承人而言也。（第三十五条理论栏内参照）余以为既采广义解释，则创设继承人，亦应包含之，而又不应限于权利继承人，则义务继承人亦应在内，其详细理由，容后第三十条理论栏内再赘。所谓包括继承人，即包括继承前主之一切权利义务之人也。申言之，指继承前主之一切权利义务，而代其法律地位之人也。例如继承法中之法定继承人，指定继承人，代位继承人，包括受遗赠人及公司合并而取得权利义务之法人等是。所谓特定继承人，即个别继承前主之各个权利义务之人，易言之，即各个之权利义务，根据各个之原因而取得之人。例如因买卖或赠与之权利受移转人是。所谓创设继承人，即不消灭前主之权利，而基于其权利以取得与此相异新权利之人也。例如有地上权人，永佃权人，抵押权人，质权人等是。

（三）就公证书有法律上利害关系之人　所谓就公证书有法律上利害关系之人，即无论其为有直接间接法律上利害关系者，均属之。例如甲（抵押人）将所有之土地抵押于乙（抵押权人），后甲又将该土地让与于丙（取得所有权人），丙即请求法院公证处作成公证书，斯时乙某有法律上利害关系之人（有抵押权之法律关系），得请求阅览公证书之原本是。

（四）上列各项之代理人　所谓上列各项之代理人，指请求人之代理人，请求人之继承人之代理人，就公证书有法律上利害关系之人之代理人等是。

请求人或其继承人及就公证书有法律上利害关系之人，得请求阅览公证书原本，公证推事若知此等人之姓名并与之相识者，自可准其所请。否则，应使其提出该管区长或商会或警察署长之证明书，或以推事所认识之证人二人证明其实系本人。请求人为外国人者，得提出该本国公使或领事之证明书。除依上述规定外，推事认有必要时，得将请求人合摄相片存查。（第十七条参照）

由代理人请求者，除适用上述规定外，应提出授权书。此项授权书，如为未经认证之私证书，应依第十七条第一项之方法证明之。（第二十条参照）

就须得第三人允许或同意之法律行为，请求阅览公证书原本，应提出已得允许或同意之证明书。第二十条第二项之规定，于上述情形准用之。（第二十一条参照）

以上各项说明，均与请求作成公证书原本之性质相类似，故本条第二项规定准用之。

请求人之继承人及就公证书有法律上利害关系人请求阅览时，除依第十七条证明其为本人外，推事并应使其提出为请求人之继承人或就公证书有法律上利害关系人之证明书。此种证明书，如为未经认证之私证书，应依第十七条第一项之方法证明之。故本条第四项特为明示第二十条第二项之规定，于前项证明书准用之。俾求其证明书之确实也。

声请阅览公证书原本，除以言词请求者外，应具声请书，由请求人或其代理人于声请书内签名盖章或按指印。(《公证暂行规则施行细则》第一条参照)

二　立法例

日本公证人法

嘱托人或其继承人及证明于证书有法律上利害关系之人，得请求阅览证书原本。

第二十八条第一项第二项第五项，第三十一条第三十二条第一项及第二项之规定，于依前项准许阅览证书原本时准用之。

公证人于准许嘱托人之继承人阅览证书原本时，应使其提出证书证明其实系继承人。

第三十二条第二项之规定，于依前项证书之提出准用之。

检察官得随时请求阅览证书原本。(第四十四条)

三　理　论

本条仿日本《公证人法》第四十四条之立法例，学说上认为有未妥之处，兹列举如下：

宝道之意见：按照本条之规定，岂非使遗嘱所载之推定或受遗赠继承人得以'就公证书有法律上利害关系'之资格，于遗嘱人生前请求阅览遗嘱乎？若然，则未免不妥，以遗嘱上之条款理应严守秘密也。

关于此点，意大利《公证法》第六十七条具有一种精确之规定：

公证人于遗嘱人生前不得准许任何人知悉或阅览遗嘱，亦不得发给该遗嘱之节录或证明书；但对于遗嘱人本人或具有一种公正式之特别授权书者，不在此限。

在中国，如欲推进公证遗嘱之制度（《民法典》第二九一条），似宜仿照意大利《公证法》此项之规定，俾遗嘱人得有绝对秘密之保障。

司法行政部民事司之意见："本条似可依原意见书所述理由，酌予修改。"

综上观之，所说确有真理，盖遗嘱须于遗嘱人死亡时，发生效力。易言之，遗嘱在遗嘱人死亡以前，自不发生效力，且遗嘱人随时可以撤销，此时遗嘱之意思表示果生效力与否，仍系在未确定状态，应有严守秘密之必要，故余亦赞同其说。

四　　实务

公证　书本交付　声请书
　　　文件阅览

公证　书本交付　声请书　　文件阅览	每份定价银三分　　某某地院公证处发行
公证书之种类号数	
声请之标的	
利害关系之事由	
抄录或阅览之部分	
证明文件及参考事项	
抄录阅览费	

　　右　　　　呈
某某地方法院公证处公鉴
中华民国　　年　　月　　日
　　　　　　　声请人姓名性别年龄籍贯职业住所　名　章

公证文件阅览簿簿面

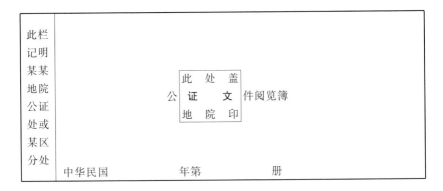

公证文件阅览簿簿面之里面

某某地院院长某某　　名　章

公证文件阅览簿内用纸

第号	第号	第号	第号	第号	进行号数	公证文件阅览簿	第号	第号	第号	第号
年月日	年月日	年月日	年月日	年月日	收件年月日		年月日	年月日	年月日	年月日
					请求人姓名					
年月日	年月日	年月日	年月日	年月日	声请驳回或阅览之年月日		年月日	年月日	年月日	年月日
第号	第号	第号	第号	第号	公证书号数		第号	第号	第号	第号
					备考	页页				

第三十三条　公证处应编制公证书登记簿，于未为记载前，送请地方法院院长于每页骑缝处盖印，其簿面里页，亦须记明页数并盖印。

一　注释

本条规定公证书登记簿之编制。

推事因当事人或其他关系人之请求，就法律行为或其他关于私权之事实，作成公证书为数极多，若不编制簿册，登记公证书之纲要，倘他日有请求作成公证书正本，缮本、节录缮本或请求阅览原本，或调阅之时，势必发生查考困难之弊。故本条规定公证处应编制公证书登记簿，惟于未为记载前，送请地方法院院长于每页骑缝处盖印，其簿面里页，亦须记明页数并盖印，藉防改订，以昭慎重。

此之所谓盖印，别于盖章而言，即盖印指盖用院印，盖章指盖用私人图章之谓也。

本条之规定，于公证收件簿，声请公证文件收据存根簿，公证收费簿；公证费收据存根簿，发还公证证件簿，公证书正本缮本节本交付簿，公证文件阅览簿，抗议事件簿，公证文件档案簿及索隐簿准用之。（《公证暂行规则施行细则》第八条参照）

公证书登记簿永远保存。如有灭失时，公证处应补制与灭失同一之簿册，并将灭失簿册之种类件数灭失之事由，并年月日呈高等法院备案。倘有灭失之危险时，地方法院院长应速为必要处置，并呈报高等法院。（《公证暂行规则施行细则》第十一条第一项，第十五条，第十六条参照）

二　立法例

日本公证人法

公证人应制具证书原簿，于未记载前请其所隶属之地方裁判所盖骑缝印。（第四十五条）

法国公证人法

公证人应设置登记簿，登记其所制作之证书。（第二十九条）

三　实务

公证书登记簿簿面

第　　　　册

公　证　书　登记簿
此　处　盖
地　院　印

中华民国　　　年　　月　　日开始登记
中华民国　　　年　　月　　日登记满了

此栏记明某某地方法院公证处或某区分处

公证书登记簿簿面之里面

本册除簿面共计二百页

某某地院院长某某　名　章

备考	作成年月日	请求人姓名住所或居所	公证书之种类	公证书号数	公证书登记簿	备考	作成年月日	请求人姓名所或居所	公证书之种类	公证书号数
同上	同上	同上	同上	同上		同上	同上	同上	同上	同上
					页页					

第三十四条　公证书登记簿应于每一公证书作成时，依次记载下列事项：

（一）公证书之号数及种类。

（二）请求人之姓名，住所或居所，如系法人者，其名称及事务所。

（三）作成之年月日。

第二十六条，第二十七条之规定，于前项情形准用之。

一　注　释

本条规定公证书登记簿之应载事项。

公证书登记簿，以备查考公证事件之需，虽记载略有缺点，不影响于公证书之效力，惟为方式统一起见，不得不有明文规定，故本条特为示明其方式如下：

（一）公证书之号数及种类　公证书之号数，指依本规则第二十五条第一款所记载之号数而言，已在该条内详细说明，兹不再赘。所谓种类，指公证书属于何类而言，盖公证书之种类不一，应分别记明之，俾资辨别。

（二）请求人之姓名住所或居所如系法人者其名称及事务所　　所谓请求人之姓名住所或居所，指请求作成公证书之人之姓名住所或居所而言。至由代理人代为请求者，毋庸记载代理人之姓名住所或居所，只记载请求之本人之姓名住所或居所则可。例如王师谟住上海法租界薛华立路一千号等是。以上之规定，系对自然人之记载方法；但法人为国家法律上赋与有人格权，倘其请求人为法人者，应记载其名称及事务所。所谓名称，例如先施公司或中央大学等是。与自然人之姓名相类似。所谓事务所，指办理事务之处所而言。例如设上海英大马路或南京四牌楼等是。与自然人之住所相类似。盖法律上认为法人以主事务所之所在地为住所故也。（《民法》第二十九条参照）

（三）作成之年月日　　此之所谓作成之年月日，究指公证书作成之年月日？抑指登记簿登记之年月日？依全文观之，似以解为公证书作成之年月日为是。以上各款规定，须于公证书作成时依次记载之。

本条第二项规定第二十六条第二十七条之规定，于前项情形准用之，指下列之规定准用之而言：

公证书应文句简明，字画清晰，其字行应相接续，如有空白，须以墨线填充。（第二十六条参照）易言之，即公证书登记簿，应文句简明，字画清晰，其字行应相接续，如有空白，须以墨线填充之是也。

公证书不得挖补或涂改文字，如有增加或删除，应依下列方法行之：

（一）删除字据，应留存字迹，俾得辨认。

（二）公证书末尾或栏外，应记明增删字数，由推事及请求人或其代理人见证人盖章。

违反前项规定所为之更正无效。

易言之，即公证书登记簿不得挖补或涂改文字，如有增加或删除，应依下列方法行之：

（一）删除字据，应留存字迹俾得辨认。

（二）公证登记簿末尾（此处应解为每页之末尾）或栏外（指每页之上下），应记明增删字数，由推事或书记官盖章。

惟请求人或其代理人见证人对于登记簿上无盖章之必要。盖记载登记簿，为公证处内部之事务，对于请求人或其代理人见证人并无关系，故文字之增加或删除，自毋庸盖章矣。

所谓准用，与适用有别，准用非当然适用，若与该情形不相俟合之处，仍不得强为之准用，此不可不注意也。

二　立法例

日本公证人法

证书原簿应于每次作成证书，依次记载下列事项：

（一）证书之号数及种类；

（二）嘱托人之住所及姓名为法人者其名称及事务所；

（三）作成之年月日。

第三十七条及第三十八条之规定，于前项情形准用之。

前二项之规定，在关于登载作成证书之账簿，如法令别有规定时不适用之。（第四十六条）

第三十五条　请求人或其继承人得请求交付公证书之正本。

第十七条，第二十条，第二十一条，第三十二条第三项之规定，于前项为请求时准用之。

一　注释

本条规定请求交付公证书正本之方法。

推事因当事人或其他关系人之请求，得就法律行为或其他关于私权之事实，作成公证书，其作成之公证书原本，除因避免事变外，不得携出，由公证处永远保存之。(第四条，第十四条，《公证暂行规则施行细则》第十一条第一项参照)倘其有利害关系之人，需要作成之公证书，不得不赋与有请求交付公证书之正本之权。故本条许下列之人，得请求交付公证书之正本：

(一) 请求人　所谓请求人，指当事人或其他关系人之请求人而言。盖请求人原为请求作成公证书之主体，倘需要公证书下本时，自应准其有请求权。

(二) 请求人之继承人　此之所谓继承人，据一般学者主张，应采广义解释，即无论包括继承人，特定继承人俱包含之。已在前第三十二条内详细说明，姑从略。

(三) 请求人或其继承人之代理人　公证书正本，须因请求人或其继承人之请求而交付，惟请求人或其继承人不亲自至公证推事之前，而委任他人请求交付公证书正本，亦为本规则之所许。

至就公证书有法律上利害关系之人，得请求阅览公证书原本，惟此关于公证书正本之交付，无请求权。盖就公证书有法律上利害关系之人，既许其阅览，则公证书之内容必已极为明了，倘有引用之处，自可依法调阅，故无许其有请求交付公证书正本之权。

所谓正本，指完全依照原本之内容制作之文书，对外与原本有同一效力而言也。盖法院之文书，有原本，正本，缮本，节本之分，此种区别，系以书面相互之关系而定之。

请求人或其继承人及请求人或其继承人之代理人，得请求交付公证书之正本，公证推事若知此等人之姓名并与之相识者，自可准其所请。否则，应使此等人提出该管区长或商会或警察署长之证明书，或以推事所认识之证人二人证明其实系本人。此等之人为外国人者，得提出该本国公使或领事之证明书。除依上列规定外，推事认为有必要时，得将请求人合摄相片存查。又代理人代为请求者，并应提出授权书。此项授权书，如为未经认证之私证书，应依上述之规定方法证明之。（第十七条，第二十条参照）

就须将第三人允许或同意之法律行为，请求交付公证书之正本，应提出已得允许或同意之证明书。第二十条第二项之规定，于上述情形准用之。（第二十一条参照）

请求人之继承人，请求交付公证书正本时，应使提出证明书。（第三十二条第三项参照）

以上各项说明，均与请求作成公证书及请求阅览公证书原本之性质相类似，故本条第二项规定准用之。

声请交付公证书正本，除以言词请求者外，应具声请书，由请求人或其代理人于声请书内签名盖章或按指印。（《公证暂行规则施行细则》第一条参照）

又本条既明定第三十二条第三项之规定准用之，而同条第四项不在准用之列，未知其立法理由何在？将来于适用上恐发生困难。容后理论栏内详论之。

二　立法例

日本公证人法

嘱托人或其继承人，得请求交付证书正本。

第二十八条第一项第二项第五项，第三十一条，第三十二条第一

项第二项，第四十四条第三项及第四项之规定，公证人于依前项规定
制作证书时准用之。（第四十七条）

法国公证人法

保存原本之公证人，始有发给正本副本之权利。但公证人对于当
作原本保管之证书，得发给该证书之钞本。（第二十一条）

三　理论

本条第二项既明定第三十二条第三项之规定准用之，而同条（第
三十二条）第四项不在准用之列，于立法技术上似欠妥洽。余以为第
三十二条第四项之规定，亦应准用之。盖请求人之继承人，请求交付
公证书正本时，应使提出证明书。其提出之证明书，除已经认证者外，
真实与否？推事不得而知，非使其依第十七条第一项之方法证明之，
难免不发生伪造之弊，且第三十二条仅请求阅览，已须证明其提出证
明书为真实，而况乎请求交付正本，其情形尤为重大，岂可以其提出
之证明书，即认为真实，于法于理，均难自圆其说，又查本条系仿日
本《公证人法》第四十七条之立法例。该法亦认为提出证明书，必须
证明其为真实之规定，（详本条立法例）故余主张本条第二项应如下之
增修：

"第十七条，第二十条，第二十一条，第三十二条第三项第四项
之规定，于前项为请求时准用之。"

又正本之交付，余以为对于请求作成公证书之人，于作成公证书
原本时，不待其请求，应行交付正本为是。盖公证制度，本为保护私
权，并减少讼累为目的，于作成公证书原本之时，即行交付正本于请
求作成公证书原本之人，使请求人于使用处分其私权较为便利，且法
院于公证书之原本灭失时，推事征求已交付之正本，再作正本替代

原本，亦不至于发生困难。关于此点，甚望将来修改本规则时，加以注意。

此外，尚有研究之处，即请求人之继承人，多数学说，主张改为权利之继承人，兹列举其说如下：

宝道之意见：按本条之规定，请求人或其继承人，得请求交付公证书之正本。

此条规定与日本《公证法》第四十七条之规定无异。但日本《公证法》所用请求人或其继承人两语，在其华文译本内，系为当事人及其权利继承人，因此余以为权利继承人之义，不但指继承人而已，即受赠人，让与人及其他权利人，无不包括在内。

第三十五条之规定，应包括所有继承人以外之权利人，——换言之，不因继承程序而继承请求人之权利者。——此点当无疑义。

例如设定不动产使用权之公证书，不独应使当事人之继承人参与，即该不动产之后来取得人，管理人（如该不动产为未成年人或已婚之妇取得时）等等，亦应加入。

关于此点，各国法律，无不如是规定：法国《公证法》第二十三条谓公证人未经法院院长之准许，不得对于关系人、继承人及权利人以外之人，交付公证书之正本或使之知悉该公证书之内容。土耳其《公证法》第五十一条规定公证人仅得于关系人交付公证书之缮本，且载明称关系人者，谓签名人或当事人及权利人或继承人。

吾人对于第三十五条条文，如欲更加显明，则应载明继承人以外之权利人，亦得请求交付公证书之正本也。

司法行政部民事司之意见："本条所谓之继承人，应采广义解释，无论包括继承人，特定继承人俱包含之，惟应依原意见书所述理由，改为'请求人或其权利继承人'，似较明了。"（原规则第三十二条，第三十八条，第三十九条参照）

总上观之，各说均主修改本条，余颇不赞同，盖其立论，均属解释继承人之问题，至其所拟修改法文，亦有顾此失彼之嫌。夫继承人不限于继承其权利，即义务亦承受之，(《民法》第一千一百四十八条参照) 何能仅改为"请求人或其权利继承人"，则认为已达妥洽，似非确论。故余主张仍维持原文，毋庸修正，至其继承人之范围如何？由司法院或司法行政部解释之，即适用上断不致发生困难。

关于继承人之范围，兹列表说明如下：

（甲表）

$$继承人\begin{cases}移转继承人\begin{cases}特定继承人\\包括继承人\end{cases}\\创设继承人\end{cases}$$

（乙表）

$$继承人\begin{cases}权利继承人\\义务继承人\end{cases}$$

继承人可分为移转继承人与创设继承人之分，兹分别说明如下：

（A）移转继承人　所谓移转继承人，即不变更前主之权利或义务而移转于后主，使其取得与前主全然同一之权利或义务之人也。申言之，即不消灭旧权利或义务，亦不发生新权利或新义务，仅权利义务之主体变更也。移转继承复可分为下列二种：

（甲）特定继承人　特定继承人，即个别继承前主之各个权利义务之人，换言之，即各个之权利义务据各个之原因而取得之人也。例如因买卖赠与而取得权利之人是。

（乙）包括继承　包括继承，即包括继承前主之一切权利义务之人，换言之，即继承前主之一切权利义务，而代其法律上地位之人。例如继承法中之法定继承人，指定继承人，包括受遗赠人，及公司合并而取得权利义务之法人等是。

（B）创设继承人　所谓创设继承人，即不消灭前主之权利，而基于其权利以取得与此相异之新权利之人。例如由所有人于其所有物上设定之地上权人，永佃权人，抵押权人，质权人等是。

继承人又可分为权利继承人与义务继承人，盖继承固有仅限于继承其权利者，然亦有继承其权利并继承其义务者。故以继承其权利方面观之，即为权利继承人，以继承其义务方面观之，即为义务继承人。例如法定继承人，一方为权利继承人，一方又为义务继承人是。

四 实务

公证书正本缮本节本交付簿簿面

此栏记明某某地院公证处或某区分处	中华民国　　　　年　第　　　　　册
	公证书　此处盖正本缮地院印　本节本交付簿
	中华民国　　　　年第　　　　　册

公证书正本缮本节本交付簿簿面之里面

某某地院院长某某　名　章

公证书正本缮本节本交付簿内用纸

第号	第号	第号	第号	进行号数	公证书正本缮本节本交付簿	第号	第号	第号	第号	第号
年月日	年月日	年月日	年月日	收件年月日		年月日	年月日	年月日	年月日	年月日
年月日	年月日	年月日	年月日	交付年月日		年月日	年月日	年月日	年月日	年月日
同右	同右	同右	第册第页第号	登记簿册数页数公证书号数		同右	同右	同右	同右	第册第页第号
				请求人姓名						
				文件类别及件数						
				抄录字数						
				抄录费额	页页					
				备考						

第三十六条　公证书正本，应记载下列事项，由推事签名盖章。

（一）证书之全文。

（二）记明为正本字样。

（三）请求交付人之姓名。

（四）作成之年月日及处所。

违反前项规定者，无正本之效力。

一　注释

本条规定公证书正本之方式。

公证书正本之方式，亦为作成证书之必要条件，若其方式有欠缺，证书自必无效，不能保有公证书正本之效力，故作成公证书正本时，必须注意其记载之方式，断不可遗漏。所谓应记载者，指下列各事项：

（一）证书之全文 指推事应记载请求人或其代理人之陈述，及所见之状况，并其他实验之事实，实验之方法，暨下列事项：（1）公证书之号数；（2）请求人之姓名性别年龄职业住所或居所，为法人者，其名称及事务所；（3）由代理人请求者，其事由及代理人之姓名性别年龄职业住所或居所及其授权书之提出；（4）与请求人或代理人认识者，其事由，如系经提出证明书，或推事认识之证人证明为本人者，其事由，并该证人姓名性别年龄职业住所或居所；（5）曾提出已得第三人允许或同意之证明书者，其事由，并该第三人之姓名性别年龄职业住所或居所，为法人者，其名称及事务所；（6）有通译或见证人在场者，其事由及其姓名性别年龄职业住所或居所；（7）作成之年月日及处所等是。易言之，即依公证书原本全文抄录之谓也。至公证书原本之附件内容，亦应一并记载。

（二）记明为正本字样 记明为正本字样，倘公证书正本已印成空白，其公证书正本已标明者，此正本字样可毋庸重记。盖此须记明正本字样者，俾资与原本，节录正本，缮本易于区别故也。

（三）请求交付人之姓名 请求交付人之姓名，指请求人或其继承人之请求人之姓名而言。倘由代理人代为请求者，并应记载代理人之姓名，此不可不注意也。

（四）作成之年月日及处所 此之所谓作成之年月日及处所，与证书全文内所载之作成年月日及处所有别，前者指公证书正本作成之年月日及处所，后者指公证书原本作成之年月日及处所。此亦不可不注意也。

公证书正本应记载上列各款外，并应由推事签名盖章，倘违反本条规定，其作成证书无正本之效力。故本条第二项特为明示之，以昭慎重，而杜争议。

于此以外，尚有应注意之处，即公证书正本之种类有二，本条规定，为普通公证书正本，其证书应记载证书原本全文。后条规定，为公证书节录正本，其证书就合并记载数事件或数人关系各别事项之证书中，节录其必要部分而已。故公证书正本，有普通正本与节录正本之分。

至公证书之正本，是否应由推事亲自作成之？余以为得许书记官代为制作；但须由推事签名盖章。

二　　立法例

日本公证人法

证书正本应记载下列事项，由公证人署名盖章：

（一）证书之全文；

（二）为正本字样；

（三）请求交付者之姓名；

（四）作成之年月日及处所。

违背前项规定者无证书正本之效力。（第四十八条）

三　实　务

公证书
<table>
<tr><td colspan="2" style="text-align:center">正　本</td></tr>
<tr><td colspan="2" style="text-align:center">节录缮本</td></tr>
</table>

公证书正本	字第	号
（抄录公证书全文或一部）		
请求交付人之姓名		
作成 正　本 节录正本 年月日及处所		
中华民国 年 月 日		
	某某地院公证处推事某某	名章

右正本于　　年　　月　　日交付某某收执

推事某某　　名章

第三十七条　一公证书记载数事件，或数人共一公证书时，得请求公证处节录与已有关系部分作成公证书正本。

前项正本，应记明系节录正本字样。

一　注　释

本条规定公证书节录正本之制作。

公证书正本有普通正本与节录正本之分，已在前条言之甚详，毋庸再赘。本条之规定，系指节录正本之规定也。

普通正本，记载公证书原本之全文，倘一公证书记载数事件，或数人共一公证书时，当然其他部分，不必与己有关，若依普通正本抄录原本全文，在与己有关者，固为必要记载，如与己无关部分，仍照录之，非惟于时间上极不经济，且作成之赘文与请求人毫无利益可言，故本条许遇有此等情形，得请求公证处节录与己有关系部分，作成公证书正本。

至何人得请求作成节录正本？依本条之文义观之，即第三十五条规定得为请求之人也。换言之，即下列各人对于公证书有请求作成节录正本之权：

（一）请求人。

（二）请求人之继承人。

（三）请求人或其继承人之代理人。

又节录正本，应记载下列事项，由推事签名盖章：

（1）与请求作成节录正本有关之部分；

（2）记明为节录正本字样。

（3）请求交付人之姓名；

（4）作成之年月日及处所。

以上解释，理所必然，均应一一记载，倘有违反上列规定，亦应解为无正本之效力。

二　立法例

日本公证人法

记载数个事件之证书或数人关系各异之证书，得节录其必要部分及关于证书方式之记载而作成正本。

前项正本应记载其节录正本，代替前条第一项第二款之记载。（第四十九条）

第三十八条　推事交付公证书正本时，应于该正本末行之后，记明为
　　该请求人或其继承人交付正本之事由及年月日，并签名盖章。

一　注　释

本条规定交付正本之手续。

　　请求人或其继承人得请求交付公证书正本，推事依法定方式作成
而交付公证书时，应于该正本末行之后，记明该请求人或其继承人交
付正本之事由及年月日。盖推事作成之公证书，由法院公证处永远保
存，并应守秘密。（第十二条，第十四条，《公证暂行规则施行细则》
第十一条参照）若无正当情事，断不能作成公证书之正本，故本条明
定应记明交付之事由及年月日，以昭慎重。又除上列记载外，推事并
须签名盖章，俾资证明其记载为真实。

　　惟本条之记载及签名盖章，不限于在交付之时为之，即在交付以
前，预行记载，至期再将证书正本交付于请求之人，亦非违法。

　　节录正本，亦正本之一种，交付节录正本时，亦须依此程序为
之，此为当然之解释。

　　所谓请求人，非指请求交付公证书正本之人，乃指当事人或其他
关系人请求作成公证书原本之人也。

　　所谓继承人，乃指包括继承人，及特定继承人而言。

　　所谓并签名盖章，即签名盖章均为必要之条件，若仅签名而不为
盖章，或仅盖章而不为签名，均非法之所许。至签名不得仅签其名而
已。并签其姓，方为合法。

　　此之所谓年月日，与作成公证书原本及正本之年月日不同，此系
指交付正本之年月日，虽有时作成正本之年月日与交付正本之年月日
相同，仍应一并记载之，此不可不注意也。

二　立法例

日本公证人法

公证人交付证书正本时，应于其证书末尾记载为嘱托人或其继承人交付之事由及其交付之年月日，并署名盖章。（第五十条）

法国公证人法

发给第一正本于各当事人时，应于原本上载明。嗣后非有第一审法院院长之命令，不得再为发给，违则撤职。其奉命发给者，应将命令附订于原本。（第二十六条）

第三十九条　请求人或其继承人，或就公证书有法律上利害关系人，得请求交付公证书及其附属文书之缮本或节录缮本。

第十七条，第二十条，第二十一条，第三十二条第三项之规定，于前项为请求时准用之。

一　注释

本条规定公证书及其附属文书之缮本或节录缮本之请求交付。

公证书之原本与其附属文件，除因避免事变外，不得携出，由法院公证处保存之。（第十四条，《公证暂行规则施行细则》第十一条参照）若与公证书及其附属文书有法律上利害关系者，得请求交付公证书及其附属文书之缮本或节录缮本。其有请求权之人，以如下之规定者为限：

（一）请求人　此之所谓请求人，非指请求交付公证书及其附属文书缮本或节录缮本之人，乃指原请求作成公证书原本之人而言。至请求人有多数时，虽由其中一人而为请求，亦得解为法之所许。

（二）请求人之继承人　此之所谓继承人，应采广义解释，即无论包括继承人，特定继承人，权利继承人，义务继承人均包含之。其详细理由，已在第三十二条注释栏内，第三十五条理论栏内说明，兹不再赘。

（三）就公证书有法律上利害关系之人　所谓就公证书有法律上利害关系之人，即无论其为有直接间接法律上利害关系者，均包括之。前已言之甚详，毋庸再赘。

（四）上列各项之代理人　上列各项之代理人，指请求人之代理人，请求人之继承人之代理人及就公证书有法律上利害关系之人之代理人等是。

请求人或其继承人及就公证书有法律上利害关系之人，得请求交付公证书及其附属文书之缮本或节录缮本，公证处推事若知此等人之姓名并与之相识者，自可准其所请。否则，应使其提出该管区长，或商会，或警察署长之证明书，或以推事所认识之证人二人证明其实系本人。请求人为外国人者，得提出该本国公使或领事之证明书。除依上述规定外，推事认为有必要时，得将请求人合摄相片存查。（第十七条参照）

由代理人请求者，除适用上述规定外，应提出授权书。此项授权书，如为未经认证之私证书，应依第十七条第一项之方法证明之。（第二十条参照）

就须得第三人允许或同意之法律行为，请求交付公证书及其附属文书之缮本，或其节录缮本者，应提出已得允许或同意之证明书。第二十条第二项之规定，于上述情形准用之。（第二十一条参照）

请求人之继承人及就公证书有法律上利害关系人请求交付公证书

及其附属文书之缮本或节录缮本时，应使提出证明书。（第三十二条第三项参照）

以上各项说明，均与请求作成公证书之原本及正本之性质相类似，故本条第二项规定准用之。

惟第三十二条第三项本条既规定准用，而同条第四项不准用之，殊不知其理由何在？此点容于理论栏内详论之。

此之单称缮本者，为普通公证书及其附属文书之缮本，其证书应记载证书原本全文是也。

所谓节录缮本，其证书就合并记载数事件，或数人关系各别事项之证书及附属文书中，节录其必要部分之缮本是也。

至正本与缮本，究有如何之区别？即（一）请求人或其继承人得请求交付正本，利害关系人仅得请求交付缮本；（二）公证机关得依公证书原本作成正本，惟其附属文书，仅得作成缮本。此其二者差异之点。

声请交付公证书及其附属文书之缮本或节录缮本，除以言词请求者外，应具声请书由请求人或其代理人于声请书内签名盖章或按指印。（《公证暂行规则施行细则》第一条参照）

二　立法例

日本公证人法

嘱托人或其继承人及证明就证书有法律上利害关系之人，得请求交付证书或其附属类之缮本。

第二十八条第一项第二项第五项，第三十一条，第三十二条第一项第二项，第四十四条第三项第四项之规定，公证人于依前项规定制作证书缮本时准用之。（第五十一条）

法国公证人法

保存原本之公证人，始有发给正本副本之权利。但公证人对于当作原本保管之证书，得发给该证书之抄本。（第二十一条）

三　理论

本条第二项亦仅规定第三十二条第三项之规定准用之，而未将第三十二条第四项之规定，同其准用，恐为立法上之遗漏。余以为本条第二项，应增修如下：

"第十七条，第二十条，第二十一条，第三十二条第三项第四项之规定，于依前项为请求时准用之。"

其应行增修之理由，与第三十五条理论栏内前段同，兹不再赘。

此外关于公证书正本与缮本之区别，学说上议论纷纭，兹举其要者如下：

宝道之意见：本条规定公证人得交付公证书之缮本与第三十五条规定公证人得交付公证书之正本者同。

此正本或缮本之别，系出于日本《公证法》第四十七条及第五十一条。然在日本《公证法》中所谓之正本，便是法国所用具有执行名义之缮本；在此种缮本内吾人所见者，首为法兰西共和国之标题，次为公证书主文，再其次为下列格式之执行名义。

"为此，法兰西共和国大总统命令：

所有执达员执行本名义；

所有检察长暨地方法院检察官监视本名义之执行；

所有军警长官经合法之请求时，予以协助。

本名义曾经盖印签名，并交付于……某君为执行名义之用。"

当事人不须起诉不须判决而得为强制执行者，即是以此执行名义为根据也。

用一种特别文例以区别"可以执行"之公证书与其他公证书，已成为普通惯例；且凡在有此项区别之国家，公证书之复本共有二种：一为具有执行名义之正本，一为无执行名义之普通缮本。（换言之，具有执行名义者为正本，无执行名义者为缮本。）

中国暂行规则关于"可以执行"之公证书亦有规定；但此项公证书所以成为可以执行者，并非公证书内具有一种如法国所用之执行名义，仅因当事人于该证书内载明一项可受强制执行之条款；而此项条款已并在公证书正文之内，故公证人所交付公证书之正本与普通缮本，毫无区别。

于此情形，余不知第三十五条及第三十九条所为正本为缮本之区别何在？

此说认为本规则关于公证书之正本与缮本，毫无区别，与法国之立法例大有不同之处。

司法行政部民事司之意见："此数条系依日本公证人法之规定，正本缮本之别，即（一）请求人或其权利承继人，得请求交付正本，利害关系人仅得请求交付缮本（前书第三八八页）；（二）公证机关得依公证书原本作成正本，惟其附属文书，仅得作成缮本，原意见书谓为毫无差别，亦非笃论。"

此说认为我国公证暂行规则，对于正本与缮本非毫无区别。

综上观之，二说当以后说为妥，惟前说亦不无可采之处，余以为本规则关于正本与缮本之请求交付，亦应仿法国立法例，加以限制。盖请求人及其继承人，依本规则之规定，无论正本与缮本，均有请求交付之权，若不加以限制，则请求人或其继承人请求交付时，究请求交付正本为妥；抑是请求交付缮本为优？使其莫知适从，不如仿法国立法例，似较妥洽。

又正本与缮本之效力有何区别？亦应加以明定，使适用时较为便利，且杜学者之争议。

第四十条　公证书及其附属文书之缮本或节录缮本，应记载下列事项，由推事签名盖章：

一　公证书及其附属文书之全文或一部分。

二　记明为缮本或节录缮本字样。

三　作成之年月日及处所。

一　注　释

本条规定公证书及其附属文书之缮本暨节录缮本之方式。

公证书及其附属文书之缮本暨节录缮本之方式，为作成证书之必要条件，在公证处作成公证书及其附属文书之缮本或节录缮本，应记载下列事项：

（一）公证书及其附属文书之全文或一部分。

所谓公证书及其附属文书之全文，指应记载第二十四条第二十五条规定之公证书全文及附属文书之全文是也。此种记载，其作成之缮本，系属普通缮本。（即本条所称之缮本是）所谓公证书及其附属文书之一部分，指就公证书记载数事件，或数人共一公证书，记载其必要部分。又附属文书，亦得仅记其必要部分。

（二）记明为缮本或节录缮本字样。

记明为缮本字样，即普通缮本，记明为节录缮本字样，即节录缮本。倘公证书之缮本及节录缮本已印成空白，其公证书缮本或公证书节录缮本已标明者，此等字样可毋庸重记。盖此须记明此等字样者，无非易与公证书正本，节录正本，原本等区别之故也。

（三）作成之年月日及处所。

此之作成年月日及处所与证书全文内所载之作成年月日及处所有别，前者指公证书作成缮本或节录缮本之年月日，后者指公证书原本作成之年月日及处所，此不可不注意也。

公证书缮本或公证书节录缮本，应记载上列各款外，并应由推事签名盖章。惟毋庸记载请求交付人之姓名，又推事交付公证书缮本或公证书节录缮本时，亦毋庸应于该证书末行之后，记明为该请求人或其继承人交付缮本之事由及年月日，并签名盖章之程序，此其与作成及交付公证书正本之所异也。

公证书及其附属文书之缮本或节录缮本，虽以推事作成为原则；但由书记官或录事作成之，亦非法之所禁，惟推事须亲自签名盖章。

至欠缺本条规定各款之记载，是否有缮本或节录缮本之效力，本规则虽未明示，似应解为无效力为是。

二　立法例

日本公证人法

证书之缮本应记载下列事项，由公证人署名盖章：

（一）证书之全文；

（二）为缮本字样；

（三）作成之年月日及处所。（第五十二条）

证书之缮本得就其一部分作成之。

前项缮本，应记载其为节录缮本字样。（第五十三条）

三　理论

本条关于公证书及其附属文书之缮本或节录缮本所记载之事项，应增订"请求交付人之姓名"。盖依第三十九条第二项规定，第十七条第二十条第二十一条第三十二条第三项之规定于前项为请求时准用之。既须证明请求人代理人为本人，并使通译或见证人在场，及提出授权书与允许或同意之证明书，何可于缮本内不记载其请求交付人之姓名？于法于理，均有未洽，故余主张增订本项，俾资合于事实。

四　实务

公证书　缮　本　节录缮本

公证书　缮　本　节录缮本	字第　　号	
（缮　录公证书及其附属文书之全文或一部）　节		
请求交付人之姓名		
作成　缮　本　之年月日及处所　节录缮本		
缮　录之部分　节		
中华民国　　年　月　日		

某某地院公证处推事某某　名章

上缮　本　于　　年　月　日交付某某收执　节录缮本

推事某某　名章

第四十一条　公证书之正本，缮本，节录缮本，或其附属文书有数页时，推事应于骑缝处盖章。

第二十六条，第二十七条之规定，于前项文书准用之。

一　注释

本条规定公证书之正本缮本节录缮本或其附属文书之连续及文字之增删。

公证书之正本，缮本，节录缮本，或其附属文书涉及数页时，推事应于每页骑缝处盖章，此预防证书之改订及散失也。

所谓第二十六条，第二十七条之规定于前项文书准用之，即下列之规定于前项文书准用之是也：

公证书应文句简明，字画清晰，其字行应相接续，如有空白，须以墨线填充。

记载年月日号数及其他数目应用大写数字。（第二十六条）

公证书不得挖补或涂改文字，如有增加或删除，应依下列方法行之。

（一）删除字句，应留存字迹，俾得辨认。

（二）公证书末尾或栏外，应记明增删字数，由推事及请求人或其代理人见证人盖章。

违反前项规定所为之更正无效。（第二十七条）

二　立法例

日本公证人法

证书之正本缮本，或其附属书类之缮本有数页时，公证人应于每页骑缝处盖章。

第三十七条第三十八条之规定，于制作证书正本缮本及其附属书类之缮本准用之。（第五十六条）

第四十二条　第七条之规定，于作成公证遗嘱不适用之。

第十七条至第二十一条之规定，于作成拒绝证书不适用之。

一　注释

本条规定作成公证遗嘱之处所及作成拒绝证书之方法。

遗嘱证书之作成，亦有属于公证人（依现行法即公证推事）职务者故作成遗嘱证书时，除有特别规定外，应适用本规划。兹先将民法上之规定，约略说明之：

1. 遗嘱之意义

遗嘱之意义，依一般通说，遗嘱者，即人于生存时，预期死亡以后，处分其事务或财产以生效力于其死后为目的之要式单独之意思表示也。兹就此定义，分析说明如下：

（一）遗嘱者要式之法律行为也　遗嘱非依法律所定方式不得为之，所以预防错误欺诈，而求立遗嘱人意思表示之确实也。故遗嘱书面之作成，不仅为日后之证据，且为遗嘱成立之一条件。无论何人，不能离丌遗嘱书面，而别有所谓遗嘱也。

（二）遗嘱者单独之行为也　立遗嘱人，表示自己意思，而非对于他人为之，故未发生效力以前，无论何时，得以撤销或变更之，一经死亡，则其效力，立即发生，亦可不问他人之承认与否也。

（三）遗嘱者生效力于立遗嘱人死后之法律行为也　此为遗嘱特质，立遗嘱人生前，以其遗嘱指定继承人应继分或为其他财产处分，不外表示自己希望，不能因之即生效力，必待立遗嘱人死后，而生效力也。

（四）遗嘱者立遗嘱人自己之意思表示也　遗嘱须本人自为之，他人不能越俎代庖，虽法定代理人，亦不能代本人而为遗嘱，而委任代理人，更无论矣。

2．遗嘱之能力

（一）无行为能力人不得为遗嘱　遗嘱既为法律行为之一，若无行为能力之人，亦得自为遗嘱，不特危险甚大，而且亦失遗嘱真义。盖遗嘱者，表示自己意思，无行为能力之人，则其意思，当不完全，一旦任其表示，揆诸情理，亦属不合，故无行为能力之人，在法律上不许其为遗嘱。（《民法》第十三条第一项，第十五条，第一千一百八十六条第一项参照）

（二）未满十六岁之人不得为遗嘱　我国《民法》第十二条规定，满二十岁为成年人，有行为能力。未成年依同法第十三条第三项之规定，已结婚者，亦认为有行为能力。至未成年人，满七岁以上，依同法第十三条第二项之规定，有限制行为能力。遗嘱既为法律行为之一，其无行为能力之人，当然不得有为遗嘱之权，至限制行为能力之人，若其独立而为遗嘱，似亦应有法定代理人之允许，则能独立为遗嘱者，仅限于成年人，然而遗嘱真义，既须本人表示意思，虽代理人亦无代为表示之权，若为遗嘱，仅限于成年人未免过严，亦觉失平，故我国《民法》第一千一百八十六条第二项规定。限制行为能力人，无须经法定代理人之允许，得为遗嘱，但未满十六岁者，不得为遗嘱。

3．遗嘱之种类

遗嘱之种类，在我国《民法》上规定，有下列五种：

（一）自书遗嘱。

（二）公证遗嘱。

（三）密封遗嘱。

（四）代笔遗嘱。

（五）口授遗嘱。

以上各种规定，属于公证人（公证推事）职务者，有公证遗嘱与密封遗嘱两种。其余各种遗嘱，作成遗嘱证书时，可毋庸经公证之手续；但当事人请求公证处推事作成认证私证书，亦为法之所许。非在本问题研究之范围内，姑从略。以下仅就公证遗嘱与密封遗嘱说明之。

4. 公证遗嘱与密封遗嘱之方式

（一）公证遗嘱之方式　公证遗嘱云者，由公证人作成证书而为遗嘱也。依本规则观之，无公证人之名称，然究其内容，办理公证事务之推事，即公证人也，此不可不注意。至公证遗嘱之作成，须依下列之方式为之：

（甲）指定二人以上之见证人　以公证证书而为遗嘱，则全以公证人之笔记为凭信，故欲担保其为正确，不可不以最慎重之程序出之，所以须指定二人以上见证人到场，共同监视该公证人之作成证书。

（乙）在公证人前口述遗嘱意旨　公证人既应立遗嘱人嘱托，制作公证遗嘱，自应依照立遗嘱人本旨而笔记之，虽一字一句，不可不由立遗嘱人直接传之于公证人，是故他人代理而为传述，法律决不许之。

（丙）由公证人笔记宣读讲解　若求公证遗嘱证书，无悖立遗嘱人真义，必须由公证人按照立遗嘱人口述，自为笔记，宣读而讲解之，俾使立遗嘱人得有随时可以更正机会。

（丁）经遗嘱人认可后记明年月日由公证人见证人及遗嘱人同行签名　立遗嘱人经公证人宣读讲解笔记以后，如其认为无误，则应记明证书作成之年月日，而与见证人公证人分别签名，以昭慎重。但立遗嘱人若不能签名者，由公证人将其不能签名事由，记明文书，使按指印代之。（《民法》第一千一百九十一条参照）

以上各项说明，均在《民法继承编》内，除此以外，仍应依照本规则关于作成公证书之规定为之。但第七条办理公证事务，应在公证处为之之规定，不适用之。盖遗嘱须由本人自为之，他人不能越俎代庖，虽法定代理人亦不能代本人而为遗嘱，而委任代理人，更无论矣。倘遗嘱人身患重病，或年老而不能亲至公证处时，若强于公证处作成公证遗嘱证书，未免于事实上发生许多困难，故本条第一项示明办理公证事务，应在公证处为之之规定不适用之，以示变通办法。此外，尚有若干规定，事实上不能适用，例如代理人代为请求是，本规则未有明示限制，未知其理由何在，容于理论栏内详论之。

（二）密封遗嘱之方式　密封遗嘱云者，即将遗嘱之文书，外加封缄，以保秘密也。兹将其应行之方式，分述如下：

（甲）应于遗嘱上签名后将其密封　密封遗嘱之内容，究为自己所书，抑请他人代书，则非所问，只须遗嘱人签名即为合法。至其密封程度如何？并无何等限制，仅以他人不能窥测遗嘱之内容为限。

（乙）于封缄处签名　封缄处者，即两合之处也，在封缄处所以须签名者，盖杜他人伪造，且防开泄其秘密也。

（丙）指定二人以上之见证人向公证人提出　此项理由，与公证遗嘱规定相同，兹不再赘。

（丁）陈述其为自己遗嘱并缮写人姓名住所　自行缮写遗嘱证书，固为民法所许，若系他人代写，则必陈述缮写人之姓名及其住所。反之，为其自己缮写，只须陈述其为亲笔足矣。

（戊）由公证人于封面记明遗嘱提出之年月日及遗嘱人所为之陈述与遗嘱人及见证人同行签名　遗嘱提出日期，不必定与遗嘱作成日期相同。而立遗嘱人之陈述，乃为立遗嘱人自由意思表示，均应由公证人记明，与立遗嘱人及见证人同行证明。(《民法》第一千一百九十二条参照)

密封遗嘱除依上述规定之方式外，并适用本规则之规定，由公证处推事作成密封遗嘱证书，由公证处永远保存之，其遗嘱仍应发还本人执管。

5. 公证遗嘱证书与密封遗嘱证书之效力

遗嘱证书为证明遗嘱人遗嘱之证书，得分为自书遗嘱，公证遗嘱，密封遗嘱，代笔遗嘱，口授遗嘱五种。其属于公证人(公证推事)职务者，仅有公证遗嘱及密封遗嘱而已。公证遗嘱证书依照一定方式作成，与遵照本规则所作成之其他公证书无稍差别，故其有公证证书之性质。又密封遗嘱证书，由公证处推事作成者，亦有公证书之效力。至密封遗嘱上由公证处推事记载之部分，亦有公证书之性质，惟其密封遗嘱之内容，由遗嘱人所作成，仅有私证书之性质，与普通私证书同其效力。

公证书与私证书之效力，已在本规则第十条内详细说明，毋庸再赘。至其遗嘱何时发生效力？依《民法》第一千一百九十九条规定，遗嘱自遗嘱人死亡时，发生效力。

拒绝证书之作成，依照《票据法》上规定，由执票人请求拒绝承兑地，或拒绝付款地之公证人(即本规则所定之办理公证事务之推事)，或法院商会银行公会为之。依此观之，作成拒绝证书，亦为公证推事职务之一部分，关于作成拒绝证书之规定，《票据法》中有特别规定，兹就其内容说明之：

1. 拒绝证书之意义

拒绝证书为证明《票据法》上权利行使或保全之前提条件，亦证明事实存在之公证证书也。有此证书，则执票人可免举证之烦，票据债务人亦不致受作欺之弊，故多数国家以之为唯一之证明方法。

2. 拒绝证书之效力

拒绝证书由法院商会银行公会作成者，不在本范围以内，姑从略。至其由公证处作成者，性质上自为公证书，与其他公证书同有完全证据力。故《票据法》上规定执票人行使请求权，必以作成拒绝证书为必要条件。

3. 拒绝证书之种类

拒绝证书依其作成之必要事实如何，得分为若干种类，列举之如次：

（A）拒绝承兑证书　汇票不获承兑或无从为承兑提示时，执票人应请求作成拒绝证书证明之，此为关于汇票之规定，而于本票支票皆准用之。（《票据法》第八十三条，第一百二十条，第一百三十八条参照）

（B）拒绝付款证书　汇票不获付款时，执票人应请求作成拒绝证书证明之。此为汇票之规定，而于本票支票均准用之。（《票据法》第八十三条，第一百二十条，第一百三十八条参照）

（C）拒绝复本交还证书　为提示承兑送出复本之一者，应于其他各分上载明接收人之姓名或商号及其住址，汇票上有前项记载者，执票人得请求接收人交还其所接收之复本。若接收人拒绝交还时，执票人非以拒绝证书证明下列各款事项，不得行使追索权：（一）曾向接收人请求交还此项复本而未经其交还；（二）以他复本为承兑或付款之提示而为获承兑或付款。（《票据法》第一百一十四条参照）

（D）拒绝原本交还证书　为提示承兑送出原本者，应于誊本上载明原本接收人之姓名或商号及其住址。汇票上有上述记载者，执票人得请求接收人交还原本。接收人拒绝交还时，执票人非将曾向接收人请求交还原本而未经其交还之事由以拒绝证书证明，不得行使追索

权。（《票据法》第一百一十六条参照）

（E）未获承兑部分之拒绝证书　付款人承兑时，经执票人之同意，得就汇票金额之一部分为之；但执票人于获一部分承兑后，对于未获承兑之一部分，应作成拒绝证书证明之。（《票据法》第四十四条参照）

（F）参加承兑人或预备付款人不于付款提示时为清偿者之拒绝证书　付款人或担当付款人不于第六十六条及第六十七条（《票据法》）所定期限内付款者，有参加承兑人时，执票人应向参加承兑人为付款之提示，无参加承兑人而有预备付款人时，应向预备付款人为付款之提示，参加承兑人或预备付款人不于付款提示时为清偿者，执票人应请作成拒绝付款证书之机关，于拒绝证书上载明之。执票人违反上列规定时，对于被参加人与指定预备付款人之人及其后手，丧失追索权。（《票据法》第七十六条参照）

4. 拒绝证书作成之期限

拒绝承兑证书于提示承兑期内作成之。拒绝付款证书应于拒绝付款日或其后二日内作成之；但执票人允许延期付款时，应于延期之末日或其后二日作成之。此为汇票上之规定，至其拒绝付款证书作成之期限，于本票亦准用之。（《票据法》第八十四条，第一百二十条参照）

又支票之执票人，应于下列期限内为付款之提示：（一）在发票地付款者，发票日后十日内；（二）不在发票地付款者，发票日后一个月内；（三）发票地在国外，付款地在国内者，发票日后三个月内。执票人于上列所定提示期限内为付款之提示而被拒绝时，对于前手得行使追索权；但应于拒绝付款日或其后二日内请求作成拒绝证书。（《票据法》第一百二十六条，第一百二十七条参照）

汇票本票支票执票人因不可抵抗之事变，不能于所定期限内为承兑或付款之提示，应将其事由从速通知发票人背书人及其票据债务人。第八十六条至第九十条（《票据法》）之规定，于前项通知准用之，不可抵抗之事变终止后，执票人应急速提示或作成拒绝证书。如事变延至到期日后三十日以外时，执票人得径行使追索权，无须提示或作成拒绝证书。汇票为见票即付或见票后定期付款者，前项三十日之期限，自执票人通知其前手之日起算。（《票据法》第一百零二条，第一百二十条，第一百三十八条参照）

5．拒绝证书之方式

拒绝证书应记载下列各款，由作成人签名并盖作成机关之印章：

（一）拒绝者及被拒绝者之姓名或商号　此所以表示正当之当事人已对于他之正当当事人为票据上之请求也。故执票人之姓名或商号并付款人承兑人担当付款人预备付款人或复本誊本接收人之姓名商号等，均须记载。

（二）对于拒绝者虽为请求未得允许之意旨或不能会晤拒绝者之事由或其营业所住所或居所不明之情形　此所以证明执票人已完全履行《票据法》上必要之手续也。

（三）为前款请求或不能为前款请求之地及其年月日　此因票据上之请求，须于一定之地址及期间之内，故记之以表示其请求之适法耳。

（四）于法定处所外作成拒绝证书时当事人之合意　盖不合意而于法定处所以外作成拒绝证书，不能发生效力也。

（五）有参加承兑时或参加付款时参加之种类及参加人并被参加人之姓名或商号　有参加承兑或参加付款时，应记载于拒绝证书，观《票据法》第五十三条及第五十八条规定，乃事理之当然也，参加承兑或参加付款，对于票据其他关系人发生种种权利关系，故参加之种类及参加人被参加人之姓名或商号，均应记载。

（六）拒绝证书之处所及其年月日　此系作成拒绝证书之处所及期日亦应记载，俾日后易于查考。（《票据法》第一百零四条参照）

以上所列各款，均为拒绝证书之要件，虽记载之文句无一定规定，惟须其内容合于此所定之要件，方为合法。

6. 拒绝证书作成之方法

付款拒绝证书，应在汇票本票支票或其黏单上作成之，至汇票本票有复本或誊本者，于提示时仅须在复本之一份或原本或其黏单上作成之。盖既可免却缮写正文之误，又可减少作成证书之费，至为便利，但可能时应在其他复本之各份或誊本上记载已作成拒绝证书之事由。（《票据法》第一百零五条，第一百二十条，第一百三十八条参照）

付款拒绝证书以外之拒绝证书，应照汇票本票或其誊本作成抄本，在该抄本或其黏单上作成之。盖拒绝付款时，执票人对于前手行使追索权苟达偿还目的，即应将汇票交付，故拒绝证书不妨在汇票本体上作成。至其余情形，则执票人虽使拒绝证书之作成，当有保存汇票之必要，汇票与拒绝证书，应使分离而不能合一，故公证人应就汇票或誊本先作成抄本而后为之，或誊写正文于抄本，而以另纸为拒绝证书黏于抄本之上亦无不可。（《票据法》第一百零六条，第一百二十条参照）

执票人以汇票本票之原本请求承兑或付款而被拒绝，并未经返还原本时，其拒绝证书应在誊本或其黏单上作成之。（《票据法》第一百零七条，第一百二十条参照）

拒绝证书应接续汇票上复本上誊本上，或本票上誊本上，或支票上之原有之最后记载作成之。在黏单上作成者，并应于骑缝处盖章。盖本条规定，所以防当事人于证书作成后或有增入他项。记载之弊，并使黏单与票据不易分离而有作伪之机会。（《票据法》第一百零八

条，第一百二十条，第一百三十八条参照）

对数人行使追索权时，只须作成拒绝证书一份。盖省费用而免烦累也。（《票据法》第一百零九条，第一百二十条，第一百三十八条参照）

拒绝证书作成人，应将证书原本交付执票人，并就证书全文另作抄本存于事务所，以备原本灭失时之用。抄本与原本有同一效力。（《票据法》第一百一十条，第一百二十条，第一百三十八条参照）

拒绝证书固不限于公证人作成，得由法院商会银行公会作成之，但由公证人（公证推事）作成时，应与作成其他证书相同，须遵照本规则之规定，惟其有不合于本规则者，如下列各条，不适用之：

推事作成公证书，如不认识请求人时，应使其提出该管区长或商会或警察署长之证明书，或以推事所认识之证人二人证明其实系本人，请求人为外国人者，得提出该本国公使或领事证明书。

除前项规定外，推事认有必要时，得将请求人合摄相片存查。（第十七条）

请求人不通中国语言，或聋哑而不能用文字达意者。推事作成公证书，应使通译在场。（第十八条）

请求人为瞽者，或不识文字者，推事作成公证书，应使见证人在场，虽无此情形，而经请求人请求者亦同。（第十九条）

由代理人请求者，除适用前三条之规定外，应提出授权书。

前项授权书，如为未经认证之私证书，应依第十七条第一项之方法证明之。（第二十条）

就须得第三人允许或同意之法律行为，请求作成公证书，应提出已得允许或同意之证明书。

前条第二项之规定，于前项情形准用之。（第二十一条）

以上各条规定，不适用于拒绝证书之作成。盖票据为不要因证券，在票据上所享有之权利，得不明示其原因之所在，苟具法定之要件，即为权利之成立，故关于本人之证明，通译及见证人之在场，代理权之证明，及同意或允许之证明，在作成拒绝证书时，毋庸为之，其理即在于此。

此外，本规则尚有不能适用者颇多，如关于证书之方式，证书原本之保存等。容于理论栏内说明之。

二　立法例

日本公证人法

第十八条第二项之规定，公证人制作遗嘱证书时不适用之，第二十八条至第三十二条之规定，公证人制作拒绝证书时不适用之。（第五十七条）

三　理论

关于公证遗嘱证书之作成，除适用《民法继承编》外，应依照本规则于作成公证书之规定，履行同一程序，但与作成公证遗嘱证书之性质不相容者，不在适用之列，故本条第一项规定第七条之规定，于作成公证遗嘱，不适用之。其立法理由，已在本条注释栏内详细说明，兹不再赘。余以为除此以外，本规则尚有与公证遗嘱性质不合者，亦复不少，例如第十一条，第二十条，第二十一条之规定，均与公证遗嘱之性质全不相容，兹分述之：

第十一条　按遗嘱于人之生存时，预期死亡以后，处分其事务或财产以生效力于其死后为目的之意思表示也。在遗嘱内得于指定遗嘱执行人或委托他人指定之。倘遗嘱未指定遗嘱执行人，并未委托他人指定者，得由亲属会议选定之，不能由亲属会议选定时，得由利害关系人声请法院指定之。（《民法》第一千二百零九条，第一千二百一十一条参照）故遗嘱为单独行为，自无得为径受强制执行之情形，本规则第十一条之规定，当然不能适用之。

第二十条　按遗嘱须遗嘱人亲自为之，依法不许代理，虽法定代理人，亦不得代本人而为遗嘱，（《民法》第一千一百八十六条参照）委任代理人，更无论矣，故本规则第二十条由代理人请求之规定，于公证遗嘱当然亦不能适用。

第二十一条　按无行为能力人，不得为遗嘱，限制行为能力人无须经法定代理人之允许，得为遗嘱，但未满十六岁者，不得为遗嘱。（《民法》第一千一百八十六条参照）是遗嘱毋须得第三者之允许或同意，故本规则第二十一条第三者之允许或同意证明之规定，于公证遗嘱自不能适用矣。

综上观之，各条之规定，其性质均与作成公证遗嘱全不相容，本规则第一项仅规定第七条之规定，于作成公证遗嘱不适用之，至将上述各条漏列，于立法上似欠妥洽。

又关于拒绝证书之作成，除适用票据法外，本应依照本规则于作成公证书之规定，履行同一程序，但与作成拒绝证书之性质不相容者，不在适用之列，故本条第二项规定，第十七条至第二十一条之规定，于作成拒绝证书不适用之。其立法理由，已在本条注释栏内详细说明，兹不再赘。余以为除此以外，尚有第十四条，第二十四条及第二十五条之规定，与作成拒绝证书之性质全不相容，亦不能适用，兹分述如下：

第十四条　按拒绝证书作成人，应将证书原本交付执票人，并就证书全文另作成抄本存于事务所，以备原本灭失时之用。（《票据法》第一百一十条参照）是作成拒绝证书之原本，应交付于请求人，而

第十四条之规定，应将作成之公证书原本，由法院公证处永远保存，二者显有差别。故余以为第十四条之规定，于作成拒绝证书，断难适用。

第二十四条第二十五条　按《票据法》第一百零四条规定，拒绝证书应记载下列各款，由作成人签名，并盖作成机关之印章：

（一）拒绝者及被拒绝者之姓名或商号；

（二）对于拒绝者虽为请求未得允许之意旨，或不能会晤拒绝者之事由，或其营业所住所或居所不明之情形；

（三）为前款请求，或不能为前款请求之地及其年月日；

（四）于法定处所外作成拒绝证书时，当事人之合意；

（五）有参加承兑时或参加付款时，参加之种类及参加人并被参加人之姓名或商号；

（六）拒绝证书作成之处所及其年月日。

以此观之，作成拒绝证书之方式，已在《票据法》上有特别规定，本规则第二十四条及第二十五条作成公证书方式之规定，亦似难于作成拒绝证书适用之。

综而言之，上述各条规定，其性质与作成拒绝证书全不相容，本条第二项仅规定第十七条至第二十一条之规定，于作成拒绝证书不适用之，至将上列各条漏列，亦立法上之遗憾。

四　实务

公证遗嘱证书　　　第　　号

遗嘱人	姓名	性别	年龄	籍贯	职业	住所或居所	与推事认识者其事由	与推事不认识者其证明书或证人
见证人							备考	
遗嘱意旨								
作成证书之年月日及处所								

上证书经下列在场人证明无误

遗嘱人　某某　名章

见证人　某某　名章

　　　　某某　名章

中华民国　　年　　月　　日

某某地院公证处推事某某　名章

密封遗嘱证书　　字　第　　号

遗嘱人	姓名	性别	年龄	籍贯	职业	住所或居所	与推事认识者其事由	与推事不认识者其证明书或证人
见证人								备考

遗嘱人之陈述	
作成证书之年月日及处所	
由缮写人代书遗嘱者其姓名及住所	
提出遗嘱之年月日	

上证书经下列在场人证明无误

遗嘱人　某某　名章

见证人　某某　名章

某某　名章

中华民国　　年　　月　　日

某某地院公证处推事某某　名章

拒绝证书原本（票据法一〇四、一二〇、一三八）

拒绝证书　　字　第　　号	
拒绝者之姓名或商号	
被拒绝者之姓名或商号	
对于拒绝者虽为请求未得允许之 意旨或不能会晤拒绝者之事由或 其营业所住所或居所不明之情形	
为请求或不能为请求之地 及其年月日	
于法定处所外作成拒绝证书时 当事人之合意	
有参加承兑时或参加付款时 参加之种类及参加人 并被参加人之姓名或商号	
拒绝证书作成之处所及年月日	
中华民国　　年　　月　　日	

某某地院公证处推事某某　名章

拒绝证书抄本（票据法一一〇）

拒绝证书		字　第　　　号	
拒绝者之 姓名或商号		票据之种类 及其号数	
被拒绝者之 姓名或商号			
		金　　额	
对于拒绝者虽为请 求未得允许之意旨 或不能会晤拒绝者 之事由或其营业所住 所或居所不明之情形		发票人之 姓名或商号	
		付款人之 姓名或商号	
为请求或不能为请 求之地及其年月日			
于法定处所外 作成拒绝证书 时当事人之合意		执票人或受 款人之姓 名或商号	
有参加承兑时或参 加付款时参加之种 类及参加人并被参 加人之姓名或商号		发票地及 发票年月日	
拒绝证书作成 之处所及年月日		到期日及 及付款地	
中华民国　　年　　月　　日 　　　　　　某某地院公证处推事某某 上抄本系于同时作成 　　　　　某某地院公证处推事某某　名章		有担当付款人 预备付款人或 参加付款人时 其姓名或商号	

第三章　私证书之认证

（第 43—47 条）

私证书别于公证书而言，即无公务员之参加，由私人所作之文书也。公证书与私证书之区别，视作成证书者之资格而定，不知作者为何人之文书，法律上无证书之效力。至其如何谓之认证？即公证人赋与私证书以形式上之效力，而于证书内加以附记之谓也。易言之，欲确保私证书之成立，请求公证推事参与证书内容之方法，是为私证书之认证。本章系规定关于私证书之认证文，认证证书之方式，认证簿之编制及认证簿之方式。

第四十三条　推事认证私证书，应使当事人当面于证书签名或盖章，或承认为其签名或盖章，并于证书内记明其事由。

认证私证书之缮本，应与原文对照相符，并于缮本内记明其事由。

私证书有增删涂改损坏，或形式上显有可疑之点者，应记明于认证文内。

一　注释

本条规定认证私证书之方法。

推事因当事人或其他关系人之请求，得就法律行为或其他关于私权之事实为认证私证书。即推事为赋与私证书以形式上效力，而以公证方法于其证书内加以某种附记，故推事认证私证书时，须于私证书内记载认证文，即其应记载下列事项：

1. 当事人签名或盖章之认证文

请求认证之私证书，当事人应亲至推事面前于证书内签名或盖章，使得知证书之真实。倘该证书内早已签名或盖章，毋庸于推事面前重复为之，惟应使其于推事面前承认之。上述情事，推事于证书内应记明其事由。至其由代理人请求认证，虽当事人本人未到推事面前于证书签名或盖章，若其先行于证书内签名或盖章，使代理人携至推事面前代为承认为其签名或盖章，亦为法之所许，惟推事亦应将其事由记载之。

2. 认证私证书缮本之认证文

请求人声请认证私证书时，应附具私证书书缮本，该私证书缮本由公证处记载认证情形保存之。故认证私证书之缮本，应与原文对照相符，并于缮本内记明其事由。所谓原文，即请求认证之私证书原文而言。至其认证私证书之缮本与原本对照相符之手续，究由何人行之？依本条之文理观之，应解为属于推事之职务。又缮本是否以私证书为限？抑包括公证书？余以为应解为以私证书之缮本为限，盖公证书之缮本，由推事作成并签名盖章，与私证书之缮本大有差别，此不可不注意也。（第四十条参照）

3. 私证书之增删或其他状况之记载

私证书经认证后，保有与公证书形式上之效力，故私证书有增删涂改或形式上显有可疑之点者，应记明于认证文内。以杜该证书之变造。所谓增删，即私证书内之文字有增加或删除而言。所谓涂改，即私证书内之文字有将其原文涂去改为其他文字而言。所谓形式上显有可疑之点，即表面上观之，认为有显然可疑之处而言。例如显然可疑私证书内之文字，有用退色水洗去，再行写成是也。此项记载，于认证私证书应依法为之，固不必论，至私证书之缮本，亦应记明，此不可不注意也。

此外尚有应注意之点，兹列举如次：

请求人声请认证私证书时，应附具私证书缮本。此项缮本，由公证处记载认证情形保存之。（《公证暂行规则施行细则》第三条参照）

声请认证，除以言词请求者外，应具声请书，由请求人或其代理人于声请书内签名盖章或按指印。（第四条，《公证暂行规则施行细则》第一条参照）

已经认证之私证书缮本，应永远保存之。（《公证暂行规则》第十一条参照）

公证事项应由地方法院按季造具报告书，呈送高等法院转报司法行政部备案。（《公证暂行规则施行细则》第十七条参照）

公证推事在其职务权限内，遵照法定方式，附记私证书所作成之文书，谓之认证文，认证文具有公证书之性质，若与私证书分离，亦有独立之效力。盖认证对于私证书仅为确保其成立之一方法，非私证书经认证后即变为公证书，故认证文完全为个别之证书，因其由推事所作成，是以具有公证书之效力，换言之其实质上，与公证书同有完全认证力，虽审判推事，除私证书为伪造，或私证书内签名盖章非其本人外，亦应受其拘束。至形式上效力，亦与公证书之效力无异，诉讼上对于任何人当然有认为系真正作成之效力，在其认证文未判决为伪造变造以前，无论何人不能否定其成立，则虽有主张伪造变造之情事，亦应负举证之责，其详细理由，与第十条公证书之效力同，兹不再赘。

二　立法例

日本公证人法

公证人认证私证书，应凭当事人在其面前于证书署名盖章，或承认为其署名盖章，并将其事由记载于证书内而为之。

认证私证书缮本时，应与证书对照相符，并于缮本内记载其事由而为之。

私证书文字有增删改窜栏外记载，或其他订正损坏及外形上有可疑之点者，应将其状况记载于认证文内。（第五十八条）

三　理　论

本条系仿日本《公证人法》第五十八条之立法例，学说上亦有评述其得失，兹录之如下：

宝道之意见："本条与日本《公证法》第五十八条之规定，完全相同。

第二项关于认证私证书之缮本一节，若另条规定，则较为得当；今置在该条第一项之后，实可使人误认缮本之交付为认证程序之一部。实际上当事人于请求认证私证书时，鲜有同时请求交付该证书之缮本者；在普通情形，此种请求均于认证之后单独提出。

此第二项之规定果以另条为之，则可扩张其范围至使公证人对于任何文书经提出于公证处者（纵未经其认证），均得交付一种与原文对照相符之缮本，例如自书遗嘱、契约、收据、书状等之缮本。"

司法行政部民事司之意见："本条系就私证书之缮本以为认证，原意见书所述理由，显属误解。前书第三七八页。"

综观上述二说，前说确属误解，当以后说为是。

第四十四条　认证书应记载认证簿之登簿号数，认证之年月日及处所，由推事及在场人签名盖章，该证书与认证簿并须折合盖骑缝章。

第二十八条第三项后段之规定，于前项在场人不能签名者准用之。

第十四条至第二十三条，第二十六条，第二十七条，第二十八条第四项之规定，于认证私证书准用之。

一   注释

本条规定认证书之方式。

认证书之方式亦为作成认证书之必要条件，若其方式有欠缺，证书自必无效，故推事作成认证书时，应注意勿使漏载。其方式如何？本条规定如下：

（一）认证簿之登簿号数   认证簿之登簿号数，即认证簿所载之号数而言。此系使认证之事件易于查考之故。

（二）认证之年月日及处所   例如某某所订某某契约，经于中华民国某年某月某日在某某地方法院公证处认证等字样是。此项记载，为认证书方式最重要之点，不可遗漏。

推事将前述各款一一记载于证书后，并由推事及在场人签名盖章，若缺此手续，其认证书仍为无效。所谓推事，即作成认证书之推事而言。所谓在场人，包括当事人，代理人，见证人，通译等在场者而言。所谓签名盖章，即签其姓名，并盖其自用印章而言。如仅签名而不盖章，或仅盖章而不签名，均非法之所许，此不可不注意也。

又认证书与认证簿，并须折合盖骑缝章。以杜伪造变造之弊。

倘在场人不能签名者，推事或见证人得代签名，使本人盖章或按指印，并记明其事由，由推事及见证人盖章。故本条第二项特为明示第二十八条第三项后段之规定准用之。

此外尚有下列各条，于认证私证书准用之：

推事作成之公证书原本与其附属文件，及依法令编制之簿册，除因避免事变外，不得携出；但经法院或检察官调阅者，不在此限。

（第十四条）

按此条规定于总则章内，理应于认证书当然适用之，本条规定准用，于立法技术上未见其妥洽，其详容后理论栏内再赘。

推事不得就违反法令事项及无效之法律行为，作成公证书。（第十五条）

公证书应以中国文字作成之。（第十六条）

推事作成公证书，如不认识请求人时，应使其提出该管区长或商会或警察署长之证明书，或以推事所认识之证人二人证明其实系本人，请求人为外国人者，得提出该本国公使或领事之证明书。

除依前项规定外，推事认有必要时，得将请求人合摄相片存查。（第十七条）

请求人不通中国语言，或聋哑而不能用文字达意者，推事作成公证书，应使通译在场。（第十八条）

请求人为瞽者，或不识文字者，推事作成公证书，应使见证人在场，虽无此情形，而经请求人请求者亦同。

由代理人请求者，除适用前三条之规定外，应提出授权书。

前项授权书，如为未经认证之私证书，应依第十七条第一项之方法证明之。（第二十条）

就须得第三人允许，或同意之法律行为，请求作成公证书，应提出已得允许或同意之证明书。

前条第二项之规定，于前项情形准用之。（第二十一条）

通译及见证人，应由请求人或其代理人选定之，见证人得兼充通译。（第二十二条）

下列之人，不得充见证人或证人：

（一）未成年者。

（二）被处徒刑以上之刑者。

（三）受破产宣告尚未复权者。

（四）受禁治产宣告尚未撤销者。

（五）因惩戒处分被免职尚在停止任用期内，或律师被除名尚未满四年者。

（六）于请求事件有利害关系者。

（七）于请求事件为代理人或辅佐人，或曾为代理人辅佐人者。

（八）为推事请求人或其代理人之配偶家长家属，或法定代理人，或七亲等内之血亲，五亲等内之姻亲者。

（九）公证处之书记官及雇员。（第二十三条）

公证书应文句简明，字画清晰，其字行应相接续，如有空白，须以墨线填充。

记载年月日号数及其他数目，应用大写数字。（第二十六条）

公证书不得挖补或涂改文字，如有增加或删除，应依下列方法行之：

（一）删除字句，应留存字迹，俾得辨认。

（二）公证书末尾或栏外，应记明增删字数，由推事及请求人或其代理人见证人盖章。

违反前项规定所为之更正无效。（第二十七条）

证书有数页者，推事请求人或其代理人及见证人，应于每页骑缝处盖章或按指印，但证书各页能证明全部连续无误，虽缺一部分人盖章，其证书仍属有效。（第二十八条第四项）

二　立法例

日本公证人法

公证人认证证书，应记载其登簿号数，认证年月日及处所，与见

证人签名盖章，并须盖章于证书与认证簿之骑缝处。（第五十九条）

第二十六条至第三十四条，第三十七条，第三十八条，第三十九条第五项第六项之规定，于认证私证书准用之。（第六十条）

三　理　论

本条第三项规定"第十四条至第二十三条……"之第十四条应改为第十五条至第二十三条。盖第十四条为总则中之条文，理应于公证书之作成及私证书之认证均适用之。今将第十四条认为私证书之认证准用之，岂非第十四条以前之总则各条，均不得适用，故余在十四条理论栏内主张修改该条，（见第十四条理论栏）免得本条复规定准用之之赘文，非仅足以杜学说上之争议，且为立法技术上之一大改革。

查本条系仿日本《公证人法》第六十条之规定，该条亦谓第二十六条至第三十四条，而不言第二十五条（总则）至第三十四条，盖其立法理由，不外余总则各条，当然于认证私证书适用之故也。故余意拟将本条与前第十四条之规定，略加修改，庶合法理。

四　实　务

○○○○认证书　　字　第　　号

当事人	人	姓名	性别	年龄	国籍或省籍	职业	住所或居所	委任代理之原因及其权限	与推事认识者其事由	与推事不认识者其证明书或证人	备考
	代理人										
	人										
	代理人										

认证之方法	
有第三人允许或同意者其证明	经提出〇〇人性别年龄籍贯职业或居所之允许（同意）书为证
有通译或见证人到场者其事由	姓名性别年龄籍贯职业住所因……依公证暂行规则第十八（九）条到场
登 簿 号 数	
认证之年月日及处所	某某所订〇〇契约经所中华民国　　年　　月　　日在某某地院公证处认证

上认证书经下列在场人证明无误

　　　　　　　　　　　　　　　　　人某某　名章

　　　　　　　　　代理人全　　　上

　　　　　　　　　　　人全　　　上

　　　　　　　　　代理人全　　　上

　　　　　　　　　通释　全　　　上

　　　　　　　　　见证人全　　　上

中华民国　　年　　月　　日

　　　　　　　　　某某地院公证处推事某某　名章

　　此项认证书应记载于私证书内其认证情形并由公证处于私证书缮本内记载之（细则第三条）

第四十五条　公证处应编制认证簿。

第三十三条之规定，于前项认证簿准用之。

一　注释

本条规定认证簿之编制。

凡一公证处办理认证私证书之事件，为数必多，若不编制簿册，登载认证之纲要，倘有调阅或其他情事发生之时，势必发生查考困难之弊，故本条第一项特为明定，公证处应编制认证簿。又第二项示明第三十三条之规定，于前项认证簿准用之，即认证簿于未为记载前，送请地方法院院长于每页骑缝处盖印，其簿面里页，亦须记明页数并盖印，藉防改订，以昭慎重。

认证簿永远保存，倘公证簿册有灭失时，公证处应补制与灭失同一之簿册，并将灭失簿册之种类件数灭失之事由并年月日呈高等法院备案。如有灭失之危险时，地方法院院长应速为必要处置，并呈报高等法院。（《公证暂行规则施行细则》第十一条，第十五条，第十六条参照）

公证事项应由地方法院按季造具报告书，呈送高等法院转报司法行政部备案。（《公证暂行规则施行细则》第十七条参照）

二　立法例

日本公证人法

公证人应制具认证簿。

第四十五条之规定，于编制认证簿准用之。（第六十一条）

第四十六条　认证簿应于每次认证时，依次记载下列各项：

一　登簿号数。

二　请求人之姓名、住所或居所，为法人者，其名称及事务所。

三　私证书之种类及签名或盖章人。

四　认证之方法。

五　见证人之姓名及其住所或居所。

六　认证之年月日。

第二十六条第二十七条之规定，于前项情形准用之。

一　注释

本条规定认证簿应载事项。

认证簿之编制，以备查考认证私证书事件之需，虽记载略有缺点，不影响于认证书之效力，惟为方式统一起见，不得不有明文规定，故本条特为示明其方式如下：

（一）登簿号数　登簿之号数，即认证簿依次登载之号数而言。

（二）请求人之姓名住所或居所为法人者其名称及事务所　所谓请求人之姓名，指请求认证私证书之人之姓名住所或居所而言。所谓住所，指以久住之意思，住于一定之地域而言，惟一人同时不能有二住所。所谓居所，指以一定之目的，暂时继续居住之处所而言，居所得不以一处为限。所谓法人，包括公法人与私法人而言，公法人，即依公法规定之法律事实所产生之法人；私法人，即已经登记或许可之社团财团，在法律上取得人格之法人，前者如国家之各机关是；后者如公司是。所谓其名称及事务所，指法人之名称与办理事务之处所而言。盖法人之名称，如自然人之姓名，法人之事务所，如自然人之住所。（《民法》第二十九条参照）请求人为多数时，在收件簿仅得记载当事人之首列人姓名，及此外若干人为已足，(《公证暂行规则施行细则》第十条参照) 惟在认证簿内若请求人为多数时，应解为须一一记载为是。

(三) 私证书之种类及签名或盖章人　私证书之种类繁多，应将其类别表明。例如买卖、租赁、雇佣等证书之类是。若证书无标题时，应依照该证书之内容摘要而记载之。至此之所谓签名或盖章人，即私证书签名或盖章之人而言。

(四) 认证之方法　例如该私证书由当事人于推事面前当面签名或盖章，或承认为其签名或盖章等是。

(五) 见证人之姓名及其住所或居所　此之所谓见证人，即请求人为瞽者，或不识文字者，推事认证私证书时，使其在场为见证之人也，又经请求人之请求者，虽无上述情形，亦应使见证人在场。(第十九条，第四十四条第三项参照) 至其姓名住所或居所，其意义与第一款同，毋庸再赘。

(六) 认证之年月日　例如某某所订某某契约，经于中华民国某年某月某日认证等字样是。

又认证簿之记载，应文句简明，字画清晰，其字行应相接续，如有空白，须以墨线填充。记载年月日号数及其他数目应用大写数字。(第二十六条参照)

认证簿不得挖补或涂改文字，如有增加或删除，应依下列方法行之：(一) 删除字句，应留存字迹，俾得辨认；(二) 认证书末尾或栏外，应记明增删字数，由推事盖章。至请求人或其代理人见证人，得解为毋庸盖章。盖认证簿之记载，系属公证处内部之关系也。违反前项规定所为之更正无效。(第二十七条参照)

以上各项，与作成公证书相同，故本条第二项明示准用之。其详细说明，已见上文，兹不再赘。

二 立法例

日本公证人法

认证簿应于每次认证时，依其进行顺序记载下列事项：

（一）登簿号数；

（二）嘱托人之住所姓名，为法人者，其名称及事务所；

（三）证书之种类及其署名盖章者；

（四）认证之方法；

（五）见证人之住所及姓名；

（六）认证之年月日。

第三十七条及第三十八条之规定，于前项之记载准用之。（第六十二条）

三 理论

本条第一项第四款认证之方法之下，应加要旨二字，即"认证方法之要旨。"盖认证书中认证方法之记载，有多至数百字者，在认证簿上若录其全文，未免于篇幅上与时间上，均有发生不便之处，故余主张仅记载其要旨即可。

四　实务

认证簿簿面

此栏记明某某地方法院公证处或某区分处	第　　册			
		此 处 盖		
		认 证	簿	
		地 院 印		
	中华民国　　　年　　　月　　　日开始登记			
	中华民国　　　年　　　月　　　日登记满了			

认证簿簿面之里面

本册除簿面共计二百页

某某地院院长某某　| 名　章 |

认证簿内用纸

格　　式 全　　上	认证簿	私证书之签名或盖章人	私证书之种类	请求人姓名住所或居所	登簿号数
格　　式 全　　上		备考	折合盖骑缝印	认证年月日	见证人姓名住所或居所	认证之方法
	页页					

附则

第四十七条　本规则由司法院公布，其施行日期及区域，以司法行政部部令定之。

一　注释

本条规定本规则之公布机关暨施行日期及区域。

　　本规则虽提请中央政治会议第四六六次会议通过，准予备案，函达国民政府查照转饬司法院遵办，然其未经立法院之三读会程序，故定名为公证暂行规则，以示区别。由司法院于二十四年七月三十日公布，训令司法行政部照办。复由司法行政部定于二十五年四月一日起施行，并指定首都地方法院管辖区域为施行区域，至其他各地法院，为需试行公证制度者，亦准呈明办理，其后相继成立公证处者，有吴县地方法院，上海第一特区地方法院，上海第二特区地方法院，上海地方法院，闽侯地方法院等处。

公证法释义与实务

二　立法例

日本公证人法

本法施行日期，以勅命定之。（第八十六条）

附　录

公证暂行规则施行细则

二十五年二月十四日司法行政部公布

第一条 声请公证，除以言词请求者外，应具声请书，由请求人或其代理人，于声请书内签名盖章或按指印。

前项规定于声请阅览或交付公证书正本缮本节本者，准用之。

第二条 公证处办理公证，应按收件号数之次序为之。

第三条 请求人声请认证私证书时，应附具私证书缮本。

前项私证书缮本，由公证处记载认证情形保存之。

第四条 请求人所呈证明文件及其他应行发还之文件，公证处应加盖该处印章，并分别记载公证书登记簿册数、页数、公证书号数或认证簿册数、页数、号数、收件年月日、收件号数，发还原请求人。

第五条 请求人或利害关系人，依公证暂行规则第十三条提出抗议者，公证处推事，应于三日内将其抗议书连同关系文件，呈送地方法院院长核办，如认为必要时，并应附具意见书。

第六条 地方法院院长接收前条抗议后，应分别有无理由，速为下列之处分：

一 命公证处推事为适当之处分。

二 为驳回抗议之处分。

不服前项处分者，得自接收处分文件之翌日起五日内，向上级司法行政监督长官声明之。

对于前项上级司法行政监督长官之处分，不得声明不服。

第七条　公证处除公证暂行规则所规定之簿册外，应置下列簿册，但有必要时，得呈请司法行政部酌量增减之：

一　公证收件簿。

二　声请公证文件收据存根簿。

三　公证收费簿。

四　公证费收据存根簿。

五　发还公证证件簿。

六　公证书正本缮本节本交付簿。

七　公证文件阅览簿。

八　抗议事件簿。

九　公证文件档案簿及案隐簿。

第八条　公证暂行规则第三十三条之规定，于前条簿册准用之。

第九条　公证收件簿，应于每年一月一日更新之。

第十条　请求人为多数时，收件簿仅记载当事人之首列人姓名及此外若干名。

前项情形，发给文件及费用之收据，仅发给其一人。

第十一条　公证书原本，已认证之私证书缮本、公证收件簿、公证书登记簿、认证簿、公证文件档案簿，及案隐簿，永远保存。前项以外之簿册，保存五年。

第十二条　前项簿册及文件之保存期限，自该年度之翌年起算。

第十三条　公证簿册之保存期限届满时，应呈明高等法院核准后销毁之。

第十四条　公证书一部或全部灭失时，推事应即将灭失证书之种类、灭失之事由，及年月日，陈明地方法院院长，并请核定三个月以上之期限，征求公证书正本或缮本，依式作成新正本保存之。

前项新正本内，应记明原本灭失之事由及年月日，新正本作成之年月日，由推事签名盖章。

第十五条　公证簿册灭失时，公证处应补制与灭失同一之簿册，并将
　　　灭失簿册之种类件数，灭失之事由并年月日，呈报高等法院备案。

第十六条　公证簿册及其附属文件，有灭失之危险时，地方法院院
　　　长，应速为必要处置，并呈报高等法院。

第十七条　公证事项，应由地方法院按季造具报告书，呈送高等法院
　　　转报司法行政部备案。

第十八条　本细则自公证暂行规则施行之日施行。

公证费用规则

二十五年二月十四日司法行政部公布

第一条 公证费用，应依本规则购贴司法印纸缴纳之。

第二条 当事人声请就法律行为作成公证书者，除本规则有特别规定外，依其标的之价额，按下列规定，征收费用：

二百元未满者　　　　　　　一元五角

二百元以上五百元未满者　　三元

五百元以上千元未满者　　　五元

千元以上三千元未满者　　　九元

三千元以上六千元未满者　　十四元

六千元以上万元以下　　　　十九元

逾万元者，每千元加收一元，不满千元者，亦按千元计算。

第三条 法律行为标的之价额。以推事开始制作公证书时之价额为准。

第四条 就主行为与从行为作成公证书者，依主行为算定其公证费。

第五条 有担保债权之价额，比较担保物之价额有多少时，以其少者为准。

第六条 地役权之价额，以需役地所增之价额为准，但供役地所减之价额，多于需役地之所增者，以所减之价额为准。

第七条 地上权永佃权之价额，以一年租金之二十倍为准，但其地价少于一年租金之二十倍者，以其地价为准。

第八条 典权之价额，以其典价为准，但其产价少于典价者，以其产价为准。

第九条 租赁权之价额,以其权利存续期间内之租金总额为准,其未定有权利存续期间者,以两期租金之总额为准。

第十条 定期给付或定期收益之价额,以其权利存续期间内之收入总额为准。

其未定有权利存续期间者,以每期收入额之二倍为准。

第十一条 孳息损害赔偿及费用,依法律行为之附带标的者,不并算其价额。

第十二条 法律行为标的之价额,不能算定者,其标的价额,视为五百元,但其最低价额逾五百元,或其最高价额显未满五百元者,以其低价额或最高价额为法律行为标的之价额。

第十三条 当事人声请就下列事项作成公证书者,征收公证费二元。

一 承认允许及同意。

二 契约之解除。

三 遗嘱全部或一部之撤销。

四 曾于一公证处作成公证。

第十四条 当事人声请就关于私权之事实作成公证书者,除本规则有特别规定外,依其事实之实验及证书之作成,所需时间,按一小时征收公证费一元,不满一小时者,亦按一小时计算。

第十五条 当事人声请就股东大会或其他集会之决议作成公证书者,依前条之规定征收费用。

第十六条 当事人声请就法律行为及与其牵连之事实作成公证书者,比较法律行为与事实所应征费之规定,从其费额多者征收之。

第十七条 当事人声请就数宗不相牵连之事实作成公证书者,依其事实各别计算,征收费用。

第十八条 当事人声请就密封遗嘱为法定方式之记载者,征收公证费二元。

第十九条　当事人声请作成授权书催告书受领证书或拒绝证书者，征收公证费二元。

第二十条　当事人声请就法律行为作成公证书并请载明应径受强制执行者。

依作成公证书所应征费之规定，加倍征收费用。

第二十一条　当事人声请就私证书为认证者，依作成公证书所应证费之规定，减半征收费用。

第二十二条　公证费依法律行为标的之价额计算，其总额不满一元者，亦按一元计算。

第二十三条　当事人或其他利害关系人声请交付公证书或其附属文书之正本缮本或节本者，每百字征收抄录费二角，不满百字者，亦按百字计算。

第二十四条　当事人或其他利害关系人声请阅览公证书原件或其他文件者，每次征收阅览费四角。

第二十五条　本规则未定公证费用之事项，依其最相类似之事项征收费用。

第二十六条　推事书记官出外执行公证职务之旅费，准用诉讼费用规则关于推事书记官旅费之规定。

第二十七条　公证处依当事人之请求送达文件者，准用诉讼费用规则关于送达费之规定。

第二十八条　公证处命当事人预纳公证费用或提供担保。

当事人不预纳前项费用，亦不提供相当担保者，公证处得拒绝其请求。

第二十九条　公证处征收各费，应发给定式收据。

违背前项规定者，当事人得拒绝缴纳。

第三十条　本规则自公证暂行规则施行之日施行。

作成公证书之实例

江苏上海第二特区地方法院声请公证卷宗

书记官	推事	事　　件		作成期日	收件期日	中华民国二十五年度证 字 第 一 号
颜简书	翁白龙	借贷公证		二十五年八月十五日	二十五年八月三日	
归档	代理人	请求人	代理人	请求人		
二十五年八月十六日		梅秀竹		姚锡松		

请求认证卷宗完面

文　件　目　录	页数	备　　考
公证声请书	4	
送达证书	6	
笔录	10	
证明书	11	
笔录	19	
公证书	20	
封套	21	

司　法　印　纸　□

公证声请书

江苏上海第二特区地方法院公证处发行
每份定价银五分

第二特区上海地方法院

新案证字第　　　一　　　号

民国二十五年八月三日十时收到

声请之标的	国币二百五拾元应径受强制执行
声请公证之事项	姚锡松借与梅秀竹国币二百五拾元利息按月一分计算约定民国二十五年十一月三十日偿还至期不付应径受强制执行

证明文件及参考事项	
公证费	六元

江苏上海第二特区地方法院公证处公鉴

中华民国二十五年八月三日

　　申请人　姚锡松男性年二十八岁山东人业商住贝勒路三号　章

　　　　　　梅秀竹男性年三十岁河北人业工住同路十号　　押

江苏上海第二特区地方法院制

	送达证书（第　　　号）	送达方法	直　接
书状目录	民国二十五年　证字　第一号 借款事件送达下列各件 通知书一件	非交付受送达人之送达应记明其事实	
		送达处所	详通知书
		送达日期	二十五年八月六日上午十一时
受送达人	姚　锡　松	受送达人盖章署名若不能盖章署名或拒绝者应记明其事实	姚　锡　松　押
中华民国二十五年八月五日			

江苏上海第二特区地方法院执达员胡不是

本件于　　月　　日　　时收到

江苏上海第二特区地方法院制

	送达证书（第　　　号）	送达方法	直　接
书状目录	民国二十五年　证字　第一号 借款事件送达下列各件 通知书一件	非交付受送达人之送达应记明其事实	
		送达处所	详通知书
		送达日期	二十五年八月六日上午十时
受送达人	梅　秀　竹	受送达人盖章署名若不能盖章署名或拒绝者应记明其事实	梅　秀　竹　押
中华民国二十五年八月五日			

江苏上海第二特区地方法院执达员胡不是

本件于　　月　　日　　时收到

公证讯问笔录
请求人　姚锡松
梅秀竹
上列当事人因二十五年证字第一号借款声请公证事件于中华民国二
十五年八月七日上午八时五十分在本院公证处公证出席职员如下
推　事　翁白龙
书记官　颜简书
到场当事人
请求人　姚锡松
梅秀竹
问姚锡松姓名年龄籍贯住址等
答姚锡松年二十八岁山东人业商住贝勒路三号
问你有什么方法证明你是为本人
答有商会证明书（呈阅附卷）
问你做什么生意
答开庆灵银楼设在法大马路三〇〇号
问梅秀竹姓名年龄籍贯职业住址等
答梅秀竹年三十岁河北人业工住贝勒路十号
问有什么方法证明你是为本人
答没有
推事论梅秀竹你须提出区长或商会或警察署长之证明书或与本推事
所认识之证人二人证明你实系本人否则不得作成公证书你须从速补
正定本月十五日俟补正后再行作成公证书
上笔录经朗读无异
姚锡松　押
梅秀竹　押
中华民国二十五年八月七日
书记官　颜简书
推　事　翁白龙

证明书

兹证明姚锡松与梅秀竹借款事件其请求人实系姚锡松本人此证

上海市商会会长王小进　章

中华民国二十　市商 五年 会印　八月二日

公证讯问笔录

请求人　姚锡松

梅秀竹

上列当事人因二十五年证字第一号借款声请公证事件于中华民国二十五年八月十五日二时三十分在本院公证处公证出席职员如下

推　事　翁白龙

书记官　颜简书

到场当事人及证人

请求人　姚锡松　　　请求人　梅秀竹

证　人　王平律师

范大正律师

问（梅秀竹）你今天对于证明你是本人之方法预备好么

答有推事所认识的律师二人可以证明

问证人什么姓名

答王平与范大正律师

问（王平）姓名年龄籍贯住所等

答王平四十五岁浙江人业律师住中汇大楼三十号

问你能证明梅秀竹是本人么

答我与他是朋友当然能够证明
问对于请求公证事件你有利害关系么
答没有
问（范大正）姓名年龄籍贯职业住所
答范大正五十岁河北人业律师住英大马路大陆商场十号
问你今天到场是证明梅秀竹为本人么
答是的
问你怎样认识
答我是同乡
问同乡的人很多你怎样能够与他认识
答我与他是同村所以特别熟识
问请求人梅秀竹确是本人么
答确实是的
问（姚锡松）你请求作成什么公证书
答梅秀竹向我借国币二百五十元约定利息按月一分计算至本年 　　十一月三十日清偿至期不付应径受强制执行所以请推事给我 　　作成公证书
问你借给他的钱是哪天交他
答钱未交他候推事公证书作成后再行如数照付
问利息从哪天计算起
答应该从公证书作成后由我付钱的一天起算
问（梅秀竹）你请求公证什么
答我向姚锡松借得国币二百五十元约定利息按月一分计算至本 　　年十一月三十日将本利如数还他
问到期还不出时要径受强制执行你愿意么
答当然愿意我是规规矩矩的人断断乎不会不还他
问利息从哪天起算你知道么
答从钱交我起的一天起算至本年十一月三十日止按月一分计算
问（姚锡松）你今天钱带来么

答已经带来
问有多少钱
答有二百五十元都是中央银行法币
问钱你可先交他么
答须作成公证书钱交他不过我可先请推事代为保存（呈法币二 　　百五十元）
问你要公证书内载明径受强制执行么
答是的
问什么理由要请求载明径受强制执行
答这是法律上有规定的我是防患于未然
推事当场作成借款公证书向在场人朗读经请求人承认无误记明其事 由由推事签名盖章并命请求人证人分别签名盖章作成之公证书由本 院保存
上笔录经朗读无异
姚锡松　押
梅秀竹　押
王　平　押
范大正　押
中华民国二十五年八月十五日
书记官　颜简书
推　事　翁白龙

消费借贷公证书　　　　证字第　　一　　号

		姓名	性别	年龄	国籍或省籍	职业	住所或居所	委任代理之原因及其权限	与推事认识者其事由	与推事不认识者其证明书或证人	备考
当事人	请求人	姚锡松	男	二十八	山东	商	贝勒路三号			上海市商会证明书	
	代理人										
	请求人	梅秀竹	男	三十	河北	工	贝勒路十号			王平律师男性年四十五岁浙江人住中汇大楼三十号范大正律师男性年五十岁河北人住英大马路大陆商场十号	各证人均为本推事于职务上所认识
	代理人										

法律行为（关于私权之事实）之本旨	兹将请求人姚锡松（贷与人）与请求人梅秀竹（借用人）消费借贷之法律行为本旨开列如下： （一）请求人之陈述，请求人等之陈述略称，姚锡松借与梅秀竹国币二百五十元，约定本年十一月三十日偿还，利息按月一分计算（自本年八月十五日起至清偿日至），倘至期不为如数清偿应径受强制执行等语；（二）所见之状况，由贷与人姚锡松在本处当场移转借用人民国币二百五十元；（三）实验之事实，贷与之款均系中央银行之法币；（四）实验之方法，由本推事代为计数。依上说明，核与民法第四百七十四条第二百零五条及公证暂行规则第十一条第一项之规定相符应予作成消费借贷公证书。
应径受强制执行者其本旨	贷与人述称倘借用人至期不为清偿免得起诉即得径受强制执行
有第三人许可或同意者其证明	

有通译或见证人到场者其事由	
作成证书之年月日及处所	本证书于中华民国二十五年八月十五日在江苏上海第二特区地方法院公证处作成

上证书经下列在场人证明无误

　　　　　　　　　　　　　　　请求人　姚锡松　章

　　　　　　　　　　　　　　　代理人　————

　　　　　　　　　　　　　　　请求人　梅秀竹　章

证明书 连级 骑缝章　　　　　　代理人　————

　　　　　　　　　　　　　　　通　译　————

　　　　　　　　　　　　　　　见证人　————

中华民国二十五年八月十五日

　　　　江苏上海第二特区地方法院公证处推事翁白龙　章

证明封套				
证物名称	件　数	号　数	交证物人姓名	备　考

认证私证书之实例

中华民国二十五年度证　字第　五十　号	收件期日	作成期日	事　　件	推事	书记官
	二十五年六月一日	二十五年六月十日	推受盘合同声请认证	翁秦锐	王衡平

浙江永康地方法院声请认证卷宗

请求人	代理人	请求人	代理人	归档
王新华	吴富德	徐大兴		二十五年六月十五日

请求认证卷宗壳面

文 件 目 录	页 数	备 考
声请书	四	
授权书	八	
司法印纸	九	
送达证书	十二	
笔录	二十二	
证明书	二十三	由徐大兴交
认证书及缮本	二十四	
封套	二十五	

公证声请书

浙江 永康地方法院	新案证字第五十号
	民国二十五年六月一日二时收到

浙江永康地方法院公证处发行
每份定价银五分

声请之标的	国币二千元正
申请公证 之事项	公美布号王新华将生财装修店属等件议定盘价国币二千元正 推盘与徐大兴承受加兴记营业
证明文件 及参考事项	（一）推受盘合同二件 （二）又缮本一件
公证费	四元五角

浙江永康地方法院公证处公鉴

中华民国二十五年六月一日

声请人
姓名	王新华 章 徐大兴 章
性别	男 男
年龄	三十五岁 五十一岁
籍贯	绍兴 永康
职业	布业 布业
住所	城内十字街口 上街台门巷十二号

授 权 书

浙江永康地方法院公证处发行

每份定价银三分

永 康 地 方 法 院 浙 江	旧案证字第五十号
	民国二十五年六月五日三时收到

委任人	姓名	性别	年龄	职业	住所或居所
委任人	王新华	男	三十五	布业	城内十字街口
受任人	吴富德	男	三十	律师	城内三眼井巷

兹委任吴富德律师为代理人请求认证私证书特将委任之原因及权限开列于下

原因　依法委任系因病不能到场

权限　授权代理声请认证私证书

证明文件	

浙江永康地方法院公证处公鉴

中华民国二十五年六月五日

授权人　王新华　章

购贴司法印纸用纸

民国二十五年证字第五十号王新华与徐大兴推受盘契约认证事件

认　证　费购贴人姓名王新华等

黏贴印纸处	司法印纸

中华民国二十五年六月一日　　　　　　计贴印纸四元五角〇分

浙江永康地方法院制

印纸

送达证书（第　　　号）	送达方法	直　接
书状目录　民国二十五年证字第　五十　号认证推受盘契约事件送达下列各件 通知书一件	非交付受送达人之送达应记明其事实	
	送达处所	详通知书
	送达日期	二十五年六月八日上午十一时
受送达人　王新华	受送达人盖章署名若不能盖章署名或拒绝者应记明事实	王新华　章
中华民国二十五年六月七日 　　　浙江永康地方法院执达员		

本件于　　月　　日　　时收到

印纸

送达证书（第　　　号）	送达方法	直　接
书状目录　民国二十五年证字第　五十　号认证推受盘契约事件送达下列各件 通知书一件	非交付受送达人之送达应记明其事实	
	送达处所	详通知书
	送达日期	二十五年六月八日上午九时
受送达人　吴富德律师	受送达人盖章署名若不能盖章署名或拒绝者应记明事实	吴富德　章
中华民国二十五年六月七日 　　　浙江永康地方法院执达员金　玉		

本件于　　月　　日　　时收到

浙江永康地方法院制

送达证书（第　　　号）		送达方法	直　接
书状目录	民国二十五年证字第　五十　号认证推受盘契约事件送达下列各件 通知书一件	非交付受送达人之送达应记明其事实	
		送达处所	详通知书
		送达日期	二十五年六月八日上午十时
受送达人	徐大兴	受送达人盖章署名若不能盖章署名或拒绝者应记明事实	徐大兴　章
中华民国二十五年六月七日			
浙江永康地方法院执达员金　玉			
本件于　　月　　日　　时收到			

认证讯问笔录
请求人　王新华
徐大兴
上列当事人因二十五年证字第五十号推受盘契约　声请认证事件
于中华民国二十五年六月十日上午九时四十分在本院公证处认证
出席职员如下
推　事　翁秦锐
书记官　王衡平
到场当事人及证人
声代　吴富德律师　　　　　　　请求人　徐大兴
证人　李宁康
沈之如
推事问（王新华代理人）吴富德代理何人
答代理王新华年三十五岁绍兴人业布商住城内十字街口

问你的年龄住址等与授权书一样么

答现年三十岁住三眼井巷

问授权书上的签字是王新华本人签的么

答是他本人亲自签的

问有何证明方法

答有两个是推事相识的证人可以证明

问（证人）姓名年住等

答李宁康年四十八岁永康人业士住上街楼店巷十号

问王新华委任吴富德请求认证推受盘契约确是他本人委任的么

答是他本人委任的

问这授权书上的签字是王新华亲笔签的么

答是的

问你怎样知道的

答王新华因患白喉症我与他知己朋友他对我说的

问你与当事人有什么关系

答朋友

问你与请求事件有何利害关系

答没有什么利害关系

问（证人）姓名年住等

答沈之如年六十七岁本地人业商住山川坛金凤门二号

问王新华委任吴富德认证推受盘契约有这事么

答确有这事的

问这授权书是王新华亲笔签名的么

答是的

问你是怎样知道呢

答我与王新华是亲戚他对我说过的

问你与请求事件有何关系

答没有什么关系并且毫无利害可言

问授权书是你亲自看见王新华签订的么

答是的
问（声请人徐大兴）姓名年住等
答徐大兴年五十一岁本地人业商住上街台门巷十二号
问我不认识你有什么方法可以证明你是为本人
答有商会证明书（呈阅附卷）
问（吴富德）公美布号设于何处
答城内十字街口
问本来是王新华开的么
答是王新华独资开的
问何时盘给徐大兴呢
答是五月三十一日
问怎么合同上证人只有你一人
答合同上签名都是他们自己写的所以不多用证人
问王新华受过破产宣告么
答没有
问他替别人做过保人么
答这点不清楚他推盘时凡欠人家的钱都已还清了
问他在民庭有何诉讼案件尚未确定
答没有
问（徐大兴）你做什么事呢
答做布业
问受盘前你做什么事呢
答我在公美布号内做账房
问是他真的盘给你的么
答是真的有合同可证
问何时盘给你的
答本年五月三十一号
问盘价多少
答二千元

问何时付的
答三十一号夜里做好盘据就付的
问盘据何处订的
答在吴富德律师事务所
问二千元付的是什么
答是法币
问你付盘价有账么
答有的（呈钱总簿一册资本生财簿一册查后当庭发还）
问盘后你改为兴记的么
答是的
问现在是你一人开的么
答是的
问登过报么
答登过浙东民报自六月一日起至三日止共三天（呈报纸三张附卷）
问这合同上是你自己签名的么
答是的
推事当场作成认证书及认证文命请求人证人等分别签名盖章并将已
记载认证文之推受盘合同原本二件发还
缮本及认证书报纸证明书等件由本院保存
上笔录经朗读无误
吴富德　章
徐大兴　章
李宁康　章
沈之如　押
中华民国二十五年六月十日
书记官　王衡平
推　事　翁秦锐

证明书

兹证明王新华与徐大兴推受盘合同认证事件其请求人徐大兴实系
本人此证

永康县商会会长　程其樵　章

中华民国二十　县五会　商年印　六月一日

推受盘合同认证书　认　字　第　十　五　号

		姓名	性别	年龄	国籍或省籍	职业	住所或居所	委任代理之原因及其权限	与推事认识者其事由	与推事不认识者其证明书或证人	备考
当事人	出盘人	王新华	男	三十五	浙江	布商	城内十字街口		朋友关系		
	代理人	吴富德	男	三十	浙江	律师	城内三眼井巷	因患白喉委任代理声请认证		李宁康 沈之如	
	受盘人	徐大兴	男	五十一	浙江	布商	城内上街台门巷十二号			永康县商会证明书	
	代理人										

认证之方法	请求人王新华授权吴富德律师代理请求认证推受盘合同已经李宁康（男性年四十八岁永康人业士住上街楼店巷十号）沈之如（男性年六十七岁永康人业商住山川坛金凤门二号）到场述称认识请求人证明实系本人授权查以上请求人代理人及各证人均为本推事所认识又请求人徐大兴亦经提出永康县商会所具证明书证明其实系本人讯据吴富德述称公美布号是王新华独资经营本年五月三十一日与徐大兴所订推受盘合同是其亲自签名盖押等语又徐大兴亦承认自己在推受盘合同签名盖押并提出钱总据实本生财簿证明已付盘价二千元又提出浙东民报均有请求人等声明推受盘启事应即予认证

有第三人允许或同意者其证明	
有通译或见证人到场者其事由	
登簿号数	认证簿第一册第十五号
认证之年月日及处所	王新华　　所订推受盘契约经于中华民国二十五年六月十日 徐大兴 在永康地院公证处认证

上认证书经下列在场人证明无误

推事
图章

骑　缝　章

请求
人章

代理
人章

中华民国二

|此 处 盖|
|十　五|
|地 院 印|

年六月十日

出盘人　王新华

代理人　吴富德　名章

受盘人　徐大兴　名章

代理人　————

通　译　————

见证人　————

浙江永康地方法院公证处推事翁秦锐　名章

推受盘合同据缮本

立 推受 盘合同据人 王新华
徐大兴 （以下简称 甲乙 方）缘甲方在永康县十字街口第四号开设
公美布号今因甲方无意继续经营自愿将该布号推盘与乙方承受生财装修店属
等议定盘价国币二千元当场如数收清不另立收据嗣后如有盈亏概归乙方承受
与甲方丝毫无涉听凭加记营业其以前人欠欠人各项及担保等权义亦归甲方自
行理值与乙方丝毫无涉除登报声明外发立本合同一式二纸双方各执一纸为证
中华民国二十五年五月三十一日

立 推受 盘据人 王华新 押
徐大兴 押

证明律师　吴富德　章

认证文（认字第十五号）
王新华委任吴富德声请认证经李宁康沈之如证明实系本人授权徐大兴亦请求
认证均承认推受盘合同据上系本人签名画押又本缮本核与原本相符特此记明

推事
图章

中华民国二十五年六月十日

永康地方法院公证处推事　翁秦锐　章

证物封套（王新华与徐大兴推受盘契约认证事件）				
证物名称	件数	号数	交证物人姓名	备考
浙东民报	三	一	徐大兴交	

国民政府训令

第五九二号　二十四年（1935年）七月二十六日

令司法院

为令饬事案准

中央政治会议二十四年七月十九日函开：

"查前准委员兼司法院院长居正提议，拟试行公证制度，拟具施行《公证制度原则草案》，及《公证暂行规则草案》，请公决一案，经交法制组审查。兹据报告审查结果，认为司法院所拟《公证暂行规则》，大体尚妥，经将文字酌加修正，拟请准予备案，暂行试办。等语，复经本会议第四六六次会议决议，《公证暂行规则》，准予备案，试办期间暂行为二年。相应录案并抄同原提案及《公证暂行规则》函达，即希查照转饬司法院遵办"。

等由，准此，自应照办。除函复外，合行检发附抄原提案及《公证暂行规则》，令仰该院遵照办理。此令。

计检发附抄原提案及《公证暂行规则》各一件

委员兼司法院院长居正提议试行公证制度案

为提议试行公证制度事，查民事诉讼，在当事人两造，曲直必有所归，徒以直者无由证其直。曲者遂得而争之。如行公证制度。使人民就其所为法律行为，或其他关于私权之事实，由此得一确实证明方法，人将不敢妄与之争，诉讼自必减少，即成诉讼，法院亦易判断其曲直，迅速结案，况公证书有时可为执行法上之债务名义，债权人得不提起诉讼，径行声请强制执行。日本近年统计，以公证书为债务名义而声请执行者，每年不下七万余件，其他因公证制度而无形减少或迅结之事件，在统计上无可考者，尚不知凡几，欧洲诸国，施行此制，先于日本，收效之宏，尤不待言，我国现行法律，如《民法》第一千一百八十九条，第一千一百九十一条，及《票据法》第一百零三条等规定，以认公证制度为前提者，亦不乏其例，惟实际上斯制尚未施行，致此等规定，几同具文，兹拟将此制度，试予施行，以期杜息争端，减少讼累。

外国所行公证制度，大都设定额之公证人，由公证人自己设事务所。向嘱托人收永定额之费用，办理公证事务，仅受法院之监督而已，此种办法，行之我国，恐滋流弊。查日本《公证人法》第八条规定，区裁判所管辖区域内，无公证人或公证人不能行其职务时，司法大臣得使该区裁判所于管辖区域内行公证人之职务。又普鲁士《非讼事件手续法》第三十一条规定，非讼事件证书之制作，属于区裁判所及公证人之权限，此权限包括关于法律行为及其他事实之公证。我国施行公证制度，似可参照此例，暂时不设公证人，概由法院办理公证事务。惟事属创举，尚无成规可循，若令全国同时施行，必多密碍，拟择规模较大人才较多之地方法院先行试办，逐渐推广。在试办期间，由本院制定《公证暂行规则》，以资依据，其施行区域及施行日期，则由司法行政部酌量各地方情形定之。俟办有成效，再体察实施状况，草拟公证法，依法律程序办理，是否有当，理合缮具施行《公证制度原则草案》，及《公证暂行规则草案》，提请公决。

附草案二件

委员兼司法院院长居正

公证人法草案

民国十九年（1930年）司法院草拟

第一章　通则

第一条　公证人受当事人或其他关系人之嘱托，就法律行为及关于私权之事实，有作成公证书及认证书之权。

公证书或经认证之私证书有完全之证据力，但有反证时仍许反证。

第二条　公证人不得兼任有俸给之公职，或充当律师，并不得经营工商业，及参与以营利为目的之社团法人，或其他企业管理与监察事务，但担任关于文学科学，或慈善职务，或充学校讲师者，不在此限。

第三条　公证人作成公证人原本正本或誊本或认证私证书，得征收办公费日费及旅费。

办公费日费及旅费规则，由司法行政部另定之。

第四条　公证人于前条规定外，不得假借名义另索报酬。

第五条　公证人执行职务以其所属地方法院之管辖区域为其管辖区域，其地方法院应设置之公证人额数及各公证人所属之地方法院，均由司法行政部定之。

地方法院管辖区域内如未设置公证人，司法行政部得指令该法院书记官执行公证人职务，书记官代行公证人职务，所收办公费日费及旅费概归国库。

本法之规定，于书记官代行公证人职务准用之。

第二章　公证人之资格及其任免

第六条　非具备下列资格并经考试及格者不得为公证人。

一　中华民国人民已成年者。

二　在国内外专门以上学校修法政之学三年以上，得有毕业文凭者，但专门以上学校系私立者，以曾经立案特许或中国驻外使领馆证明者为限。

公证人考试规则由司法行政部另定之。具有司法官律师资格者，得不经考试充当公证人。

第七条　有下列情形之一者，不得充当公证人。

一　曾处拘役或有期徒刑以上之刑者，但国事犯已复权者不在此限。

二　受破产之宣告确定后尚未复权者。

三　受禁治产之宣告者。

四　公务员因受惩戒处分褫职，又因律师受惩戒处分除名者，但除名经过四年者不在此限。

第八条　公证人由司法行政部委任之。

前项委任令，由司法行政部刊登国民政府公报公示之，并通知所属之地方法院。

第九条　公证人有下列情形之一者，司法行政部得撤销其委仟。

一　不依本法第十九条规定之期限为该条所列之各事项时。

二　不依本法第二十条之规定宣誓就职时。

三　不依本法第二十一条规定之期限设立事务所时。

第十条　公证人有下列情形之一者，司法行政部得免其职。

一　自请免职时。

二　受破产之宣告时。

三　受禁治产之宣告时。

四　不依本法第二十一条第三项规定补缴保证金时。

五　违反本法第二条之规定时。

六　擅离职守至三月以上而不请假时。

七　因精神或身体衰弱不能执行职务时。

前项第七款情形应由该管区域内公证人惩戒委员会议决之。

第十一条　本法第八条第二项之规定，于公证人撤任或免职时准用之。

第十二条　公证人免职时，其所属地方法院院长得即派员至该公证人事务所查封其案卷。

第十三条　公证人免职时，其所属地方法院院长于委任继任者以前得指定管辖区域内或邻接地方法院管辖区域内之公证人兼任。

继任者执行职务时该管地方法院院长应将前项之兼任公证人解任。

第十四条　公证人免职时，继任者或兼任者应向前任者，请求当面移交各项案卷。

前任因事不能当面移交于继任者或兼任者，得请求所属地方法院院长派员监视移交之。

第十五条　免职之公证人案卷已查封者，继任或兼任者得呈请所属地方法院院长派员监视启封，并办理移交。

第十六条　兼任者，执行职务须署名并应记明兼任字样，继任者，依前任者或兼任者作成之公证书而作成正本或誊本，于署名时应记明继任字样。

第十七条　公证人之缺额有所改正或因免职而裁减时，司法行政部应指定该管地方法院管辖区域内之公证人接收其案卷。

本法第十四条及前条第二项规定，于前条接收案卷之公证人准用之。

第十八条　本章关于公证人免职时之规定，于公证人停职时准用之。

第三章　职务之执行

第十九条　公证人自接受委任状之翌日起，三十日以内，应向所属地方法院依次为下列各事项。

一　缴纳保证金。

二　依照地方法院颁定格式呈送自署姓名之印鉴，前项期限司法行政部长得因公证人之呈请延长之。

三　领取职印。

第二十条　公证人领取职印后，应宣誓本其智能忠诚尽职。未宣誓以前不得执行职务。

第二十一条　公证人保证金额为五百元以上一千元以下，公证人应缴纳之保证金额，由司法行政部依各地方情形酌定，但保证人得以有相当价额之不动产契据拨充之。

缴纳保证金以后，如形不足时，司法行政部得定应补缴之额并限期补缴。

第二十二条　公证人宣誓就职后，应于三十日内，在司法行政部指定之地方法院管辖区域内设立事务所。

公证人应在其事务所执行职务，但因事件之性质不能在事务所执行或法律有特别规定者，不在此限。

本条第一项期限，司法行政部得因公证人之呈请延长之。

第二十三条　公证人非有正当理由不得拒绝嘱托。

第二十四条　公证人不得于指定之区域外执行职务。

第二十五条　公证人对于嘱托事件，不得泄露。但法律有特别规定或经嘱托人同意者，不在此限。

第二十六条　公证人执行职务，因故意或重大过失致嘱托人受损害时，应负赔偿之责。

第二十七条　公证人执行职务须署名者，应署其职名，并记载其所属地方法院及其事务所所在地。

第二十八条　公证人作成之公证书原本，及其附属书类，暨依法令备置之簿册，除事变外，不得携出事务所，但经法院调阅者不在此限。
前项书类簿册保存调限规则，由司法行政部另定之。

第二十九条　公证人有下列情形之一者，不得执行职务。

一　公证人为嘱托人或其代理人之配偶或亲属，其婚姻或亲属关系消灭后亦同。

二　公证人之配偶或亲属与嘱托事件有利害关系者，其婚姻或亲属关系消灭后亦同。

三　公证人为嘱托人，或其代理人之法定代理人，监督监护人，或保佐人，或曾为以上各项人者。

四　公证人于嘱托事件有利害关系者。

五　公证人于嘱托事件为代理人或辅佐人，或曾为以上各项人者。

第三十条　公证人经所属地方法院院长之准许，得置书记助理职务之执行。
前项准许，地方法院院长认为必要时得撤销之。

第三十一条　公证人因疾病或其他不得已之事故不能执行职务时，得委托同区域或邻接区域之公证人代理，公证人依前项规定委托代理人时，应即时呈报所属地方法院，其代理终了时亦同。

第三十二条　公证人不依前条第一项之规定委托代理人或不能委托时，其所属地方法院院长得指令其管辖区域或邻接地方法院管辖区域内之公证人代理之，公证人本人能自行职务时，地方法院院长应将前项之代理公证人解任。

第三十三条 代理公证人即以被代理之公证人之事务所为其事务所。

代理公证人执行职务须署名者，应记载被代理之职名及其所属地方法院暨事务所所在地，并记明代理字样。

本法第二十九条之规定，于代理公证人准用之。

第三十四条 公证人死亡时，其承继人应自其死亡翌日起，十日内，呈报所属地方法院。

前章关于公证人免职时之规定，于公证人死亡时准用之。

第四章　公证书之作成

第三十五条 关于违反法令之事项无效之法律行为，因限制能力人得以撤销之，法律行为公证人不得作成公证书。

第三十六条 公证人作成公证书，应就其所见所闻据实记载，于嘱托人或其代理人面前为之。依本法或其他法令，应须在场或作证之人，公证人于作成公证书时，并应令其在场。

第三十七条 公证人应认识嘱托人确为本人，如不能认识时，应令其兑妥实保证人二人证明之，嘱托人如系外国人，应令其取具本国领事署证明书，前项保证人同时得为证人。

第三十八条 公证书应以中国语文作成之。

嘱托人如不通中国语文，于嘱托作成公证书时，应有通译在场传译。

前项译文，应由公证人嘱托人及通译署名盖章并附缀于原本。

第三十九条 嘱托人如系聋者、哑者、盲者，或不识文字者，于嘱托作成公证书时，应有证人或通译在场。

第四十条 嘱托人如委任代理人公证人于受嘱托作成公证书时，应令代理人提出委任书以证明其权限。

前项委任书，如系未经认证之私证书，于委任书外，应由代理人兑取保证人二人认明其委任书为真正。

代理人如为外国人时，准用本法第三十七条第一项末段之规定。

第四十一条　法律行为如须得第三人认许，或同意者，公证人受嘱托作成公证书时，应令嘱托人提出认许或同意证明书。

第四十二条　通译及证人由嘱托人或其代理人选定之通译，不得兼证人。

第四十三条　下列各人，不得为证人或保证人。

一　未成年者。

二　有本法第七条所载情形之一者。

三　不能自署其名者。

四　与嘱托事项有利害关系者。

五　于嘱托事项为代理人或辅佐人者，或曾为代理人或辅佐人者。

六　公证人嘱托人或其代理人之配偶亲属，法定代理人监督监护人保佐人雇人或同居人。

七　聋者哑者盲者。

八　公证人之书记。

前项除第四第五第六第八各款外，于通译准用之。

第四十四条　公证人作成之公证书，除本旨外，应记载下列各事项。

一　公证书之号数。

二　公证人之姓名事务所及所属之地方法院。

三　嘱托人之姓名年龄住址职业，如系法人其名称及事务所。

四　嘱托人委任代理人时，其旨，及代理人提出之权限证明书，并代理人之姓名年龄住址职业。

五　与嘱托人或其代理人是否相识之旨。

六　经嘱托人提出第三人认许或同意证明书者，其旨，及其事由，并第三人之姓名年龄住址及职业，如系法人，其名称及事务所。

七　有证人或提出证明书者，其旨，及其事由，并证人之姓名年龄住址及职业。

八　如有通译，其事由，并通译之姓名年龄住址及职业。

九　作成之年月日及事务所。

十　公证人嘱托人或其代理人证人通译之署名盖章。如有不能署名者，公证人应于公证书末尾记明其事实。

第四十五条　公证人作成公证书，应在其末幅加盖职印。

第四十六条　公证人作成之公证书原本，应文句简明，字画明了，其字行应相接续，如有空白，应以墨线接续之，文字不得省写，并不得挖补改窜，但因有不得已情形，须添注涂改者，公证人应依下列方法行之。

一　涂改之字句，应留存字体使可辨认。

二　公证书末尾应记明添注涂改之旨，及其字数。

三　添注涂改字句上，应行盖章，并令嘱托人或其代理人盖章。

记载公证书之年月日金额号数，应用大写数字。

第四十七条　公证人作成公证书，应向在场者朗读，或使其阅览，并须得其承认无误。

如有通译时，应令通译译述其旨，并于公证书上记明其事实。

前项记载，应由各公证人及在场者，各自署名盖章，如有不能署名者，应于公证书上记明其不能署名之事实，由公证人及证人署名盖章。

第四十八条　作成之公证书有数页时，应由公证人嘱托人或其代理人及证人于每页骑缝上盖骑缝印。

公证嘱托人或其代理人及证人不依前项规定于公证书各页之骑缝上盖印，但能证明全部连续无误时，其公证书仍属有效。

第四十九条　公证人作成公证书，引用其他文书，若将其文书附缀于公证书，应由公证人嘱托人或其代理人及证人于公证书及附缀之文

书相互之骑缝上，盖骑缝印，附缀于公证书之文书，视为公证书之
一部。

前三条之规定，于附缀于公证书之文书准用之。

第五十条　公证人应将代理人权限证明书，或领事署证明书，第三人
认许或同意证明书，及其他一切附属书类，连缀于所作成之公证书。

公证人嘱托人或其代理人及证人，应于公证书与其连缀书类骑缝
上，及连缀书类相互之骑缝上盖骑缝印。

公证人嘱托或其代理人及证人不依前项规定，于公证书与其连缀书
类骑缝上及连缀书类相互之骑缝盖印，但能证明全部连续无误时，
公证书仍属有效。

第五十一条　有下列情形之一者，公证书无效。

一　作成公证书之公证人未遵守本法第十九条第二十条及第二十二
条规定之义务者。

二　作成公证书之公证人依本法第十条规定经免职，且其免职令曾
经刊登政府公报时。

三　作成公证书之公证人，违反本法第二十九条之规定时。

四　作成公证书之公证人，违反第二十四条第三十五条第三十六条
第三十八条第三十九条第四十六条规定时。

五　公证书未记载作成之年月日。

除前项情形外，公证书欠缺本法规定之其他条件者，作为私证书。

第五十二条　公证书原本，除法律有特别规定外，由公证人保存之。

公证书原本灭失时，公证人经所属地方法院院长准许，得征求已交
付之正本誊本代替灭失之原本而保存之。

前项代替原本之正本或誊本，应记载经所属地方法院院长准许代替
之旨，并准许之年月日，由公证人署名盖章。

公证人保存之公证书原本，应依作成次序装订成册，并编号数。

第五十三条　嘱托人或其承继人及证明与公证事件有利害关系之人，得请求阅览公证书原本，本法第三十七条及第四十条之规定，于请求阅览公证书原本时准用之。

推事及检察官得随时调阅公证书原本。

第五十四条　公证人应备置公证书记录簿，并应于记录前送所属地方法院院长盖印。

地方法院院长于记录簿表面应记载其职名及年月日，加盖职印，并于簿内每页骑缝上盖骑缝印。

第五十五条　记录簿应按照公证书作成之次序，逐日记载，并应记载下列各事项。

一　公证书之号数及种类。

二　嘱托人之姓名年龄住址及职业，如系法人其名称及事务所。

三　作成之年月日。

四　公证书内容之摘要。

五　征收之费用。

六　备考。

本法第四十六条之规定，于记录簿准用之。

第五十六条　公证书记录簿，经推事及检察官调阅时，公证人得暂以定式用纸记载作成之公证书。

前项定式用纸，应编号装订成册，于每页编号，依本法第五十四条规定，送呈所属地方法院院长署名盖章。

记录簿发还时，公证人应即将记载于定式用纸之公证书，转载于记录簿，并将该定式用纸连缀于记录簿。

推事及检察官发还所调阅之记录簿时，应于该簿内最末公证书后，记载其调阅及发还日期。

第五十七条　公证人应令嘱托人于公证书原本依司法印纸规则黏用印

纸花。

关于公证书黏用印花规则，由司法行政部另定之。

第五十八条 嘱托人或其承继人，得请求交付公证书正本，本法第三十七条及第四十条规定，于公证人作成公证书正本时准用之。

第五十九条 公证书正本应记载下列各事项，由公证人署名盖章。

一 公证书之公文。

二 记明系正本字样。

三 请求交付人之姓名。

四 作成之年月日及处所。

违反前项规定时，不发生公证书正本效力。

第六十条 一公证书记载数事件或数人共一公证书时，各人得请求公证人节录与己有关系部分作成公证书正本。

前项正本应记明系节录正本字样。

第六十一条 公证人交付公证书正本时，应于其公证书之末尾，记载交付正本于嘱托人或其承继人何人之旨，交付之年月日，并署名盖章。

第六十二条 嘱托人或其承继人及与公证事件有利害关系之人，得请求公证人交付公证书誊本及其附属书类誊本。

本法第三十七条及第四十条规定，于公证人作成公证书誊本时准用之。

第六十三条 公证书誊本应记载下列各事项，由公证人署名盖章。

一 公证书之全文。

二 记明系誊本字样。

三 请求交付者之姓名。

四 作成之年月日及处所。

第六十四条 公证书得就其一部分作成誊本。

前项誊本，应记明系节录誊本。

前条及本条之规定，于作成公证书之附属书类誊本时准用之。

第六十五条　公证书正本及誊本及其附属书类之誊本，如有数页时，应由公证人于每页骑缝上盖骑缝印，本法第四十五条第四十六条规定于公证人作成公证书正本及誊本，并其附属书类之誊本时准用之。

第五章　私证书之认证

第六十六条　公证人认证私证书时，应有当事人在场，自认私证书之署名盖章，系其自由自动之所为，由公证人给予认证单据，记载当面承认之旨。

认证私证书之誊本时，应将誊本与原本对照无误，并于认证单据记载二者符合之旨。

私证书交字如有添注涂改之处，应于认证单据记载之，其他破损或显有可疑之点亦同。

第六十七条　认证单据，除依前条规定外，应记载认证簿登录之号数，认证之年月日，及其处所，由公证人署名盖章，并于末尾加盖职印。

认证单据应附缀于私证书，其相互间应盖骑缝印。

认证簿与认证单据相互间，并应盖骑缝印。

第六十八条　本法第三十五条至第四十三条第四十七条及第四十八条关于公证书之规定，于认证私证书时准用之。

第六十九条　公证人应备置认证簿。

本法第五十四条关于公证书记录簿之规定，于认证簿准用之。

第七十条　认证应按照认证之次序，逐日于认证簿记载之，并应记载下列各事项。

　　一　登簿之号数。

　　二　私证书之种类。

三　嘱托人之姓名年龄住址职业，如系法人其名称及事务所。

四　认证之方法。

五　证人之姓名年龄住址职业。

六　认证之年月日。

本法第四十六条关于公证书之规定，于认证簿之记载准用之。

第六章　监督及惩戒

第七十一条　公证人受所属地方法院院长之监督。

关于监督事务，地方法院院长得指定其院内推事一人办理之。

第七十二条　地方法院院长得随时派员调查其管辖区域内公证人之簿册，并检阅其案卷。但由公证人保存之遗嘱不在此限。

第七十三条　地方法院院长每年应将其管辖区域公证人执行职务情形，编制总报告书，呈报司法行政部部长。

第七十四条　公证人有下列情形之一者得交付惩戒。

一　违背誓词。

二　违背或废弛职务。

三　行止不检。

第七十五条　惩戒处分下列四种。

一　诫饬。

二　罚金。

三　停职。

四　免职。

第七十六条　诫饬由司法行政部以命令申饬之。

前项命令，除由地方法院院长传知被惩戒人外，并刊登政府公报公示之。

第七十七条　罚金额数为五十元以上五百元以下。

第七十八条　停职期间为三月以上一年以下。

第七十九条　免职非经过二年后，不得再充公证人。

第八十条　公证人之惩戒由公证人惩戒委员会议决行之。

第八十一条　地方法院院长对于公证人认为有本法七十四条之行为应交付惩戒者，得呈请司法行政部交付惩戒委员会。

第七章　惩戒委员会

第八十二条　各省高等法院设公证人惩戒委员会，议决其管辖区域内各地方法院之公证人惩戒事件。

第八十三条　惩戒委员会以委员长一人委员四人组织之。

惩戒委员会以高等法院庭长及推事为委员，高等法院院长为委员长。

委员长委员及其代理次序，由高等法院院长于前年度终开会，与推事会议预定之。

第八十四条　惩戒委员会除议决惩戒事件外，并裁决下列事项。

一　关于公证人相互间之争议。

二　当事人与公证人间之争议。

第八十五条　惩戒委员会非有法定人数出席，不得开议。委员长及委员于自己或及亲属有关之事件，不得与议，委员会之决议，以过半数定之，委员长有表决权。

第八十六条　惩戒委员会关于惩戒议决，应拟具理由书呈报司法行政部部长行之。

第八十七条　关于惩戒委员会事务之进行及准备，由委员长指定法院书记官任之。

第八十八条　公证人受罚金之惩戒若不完纳时，由检察官执行之。

第八十九条　律师惩戒委员会规则，关于审查评议程序及停职之规定，于公证人惩戒准用之。

第八章　附则

第九十条　本法自公布日施行。

公证人法草案

民国二十二年（1933 年）司法行政部草拟

第一章　总则

第一条　公证人因当事人或其他关系人之请求，得就法律行为或其他关于私权之事实，作成公证书或认证私证书。

有民事诉讼法第四十一条第二项及第三项所定之当事人能力者，亦得为请求人。

第二条　公证人作成之文书，非具备本法及其他法令所定之要件，不生公证之效力。

第三条　公证人非有正常理由，不得拒绝请求人之请求。

第四条　公证人除法令别有规定外，于经办事件，应受秘密，但得请求人之同意者，不在此限。

第五条　公证人不得兼任他项公职，或兼办营利事业，并不得为商事公司或其他以营利为目的之社团之代表人或使用人，但得司法行政部之许可者，不在此限。

第六条　公证人执行职务，加损害于请求人或他人时，以有故意或重大过失者为限，负赔偿责任。

第七条　公证人应依公证人收费规则之所定收受印纸费，及公费、日费、旅费，不得额外多收。

公证人收费规则，由司法行政部另以部令定之。

第二章　　任用及所属

第八条　公证人属于地方法院，其员额由司法行政部定之。

第九条　公证人由司法行政部委任之。

司法行政部得酌量情形，以地方法院书记官任公证人。

第十条　非具有下列资格之一者，不得任为公证人。

一　经公证人考试合格，并经学习六个月以上者。

二　有法官资格者。

三　有书记官资格者。

公证人考试及学习规则由司法行政部另以部令定之。

第十一条　下列之人不得任为公证人。

一　被处徒刑或以上刑者。

二　受破产宣告尚未复权者。

三　受禁治产宣告尚未撤销者。

四　因惩戒处分被免职，或律师被除名尚未满二年者。

第十二条　公证人有下列情形之一者，司法行政部得免其职。

一　不于期限内缴纳或增补保证金者。

二　因身体或精神衰弱不堪任职著，但应经惩戒委员会议决。

第十三条　公证人有第十一条第一款至第三款情形之一者，当然去职。

第三章　　职务之通则

第十四条　公证人执行职务之区域与其所属地方法院之管辖区域同。

第十五条　公证人应设事务所，其地点由所属地方法院院长指定之，转由高等法院呈报司法行政部。

公证人应在事务所执务，但为事件之性质所不许，或法令别有规定者，不在此限。

公证人执务时间与所属地方法院办公时间同，但有特别必要者，应提早或延长之。

第十六条　公证人应自受委任之日起，除去赴任程期，于十五日以内，向所属地方法院缴纳保证金。

前项保证金由所属地方法院院长于三百元以上一千元以下之范围内，酌量地方情形定之，转向高等法院呈报司法行政部，其有增加必要者，得命补缴，亦应于十五日补足。

公证人未缴足或补足保证金者，不得执行职务。

第十七条　公证人因去职须发还保证金时，所属地方法院院长应公告对于保证金有权利之人，于六个月以内，陈报其权利，非俟期满不得发还。

前项公告费用，由保证金内尽先扣除之。

第十八条　公证人应将亲笔签名及印鉴呈报所属地方法院，未呈报前，不得执行职务。

第十九条　公证人有下列情形之一者，应自行回避，不得执行职务。

一　公证人为请求人者。

二　公证人为请求人，或其代理人或就请求事件有利害关系人之配偶，或家长家属或四亲等之血亲，三亲等内之姻亲，或曾有此关系者。

三　公证人为请求人或其代理人之法定代理人者。

四　公证人就请求事件有利害关系者。

五　公证人于请求事件为代理人或辅佐人，或曾为代理人辅佐人者。

第二十条　公证人于职务上签名时，应记载其职衔及所属法院，并事务所所在地。

第二十一条　公证人为辅助职务得置书记，但应呈报所属地方法院院长认可，前项认可，必要时得随时撤销之。

第二十二条　公证人作成之公证书原本与其附属文件，及依法令应由公证人编制之账簿，除因避免事变外，不得携出事务所，但有法院或检察官之命令，或请求者，不在此限。

前项文书之保存，及废毁规程，由司法行政部另以部令定之。

第四章　公证书之作成

第二十三条　公证人不得就违反法令，或其他无效之事实作成公证书。

第二十四条　公证人作成公证书应用中国文字，但得依请求人之请求译成，或附录外国文字。

第二十五条　公证人作成公证书应知请求人之姓名，并与其相识。

公证人不知请求人姓名或不相识者，应使其提出当地自治区长，或警察署长或殷实铺户之证明书。或偕来知姓名并相识之警察，或律师一人，或其他之人二人，证明其实系本人，但请求人为外国人者，得仅提出本国公使大使或领事之证明书。

遇有急迫情形前项程序得于证书作成后三日内完成之。

第三十一条第三项之规定于第二项之证人准用之。

第二十六条　请求人为不通中国语言之人，或为聋哑人，而不能用中国文字达意者，公证人作成公证书，应使通译在场。

第二十七条　请求人为盲人或不识中国文字之人者，公证人作成公证书应使见证人在场，虽无此情形而经请求人请求者亦同。

第二十八条　由代理人请求者前三条之规定于代理人准用之。

第二十九条　由代理人请求者公证人作成公证书应使其提出代理权限之证明书。

前项证明书如为未经认证之私证书者，应使履行。

第二十五条第二项之程序

第二十五条第三项及第四项之规定于前项情形准用之。

第三十条　须得第三人允许承认或同意之法律行为，应使其提出已得允许承认或同意之证明书。

前项第二项及第三项之规定于前项情形准用之。

第三十一条　通译及见证人应由请求人或其代理人选定之。

见证人得兼充通译。

下列之人不得充见证人。

一　未成年人尚未结婚者。

二　有第十一条所列情形之一者。

三　不能亲自签名者。

四　就请求事件有利害关系者。

五　于请求事件为代理人或辅佐人或曾为代理人辅佐者。

六　为公证人请求人，或其代理人之配偶，或家长家属，或四亲等内之血亲，三亲等内之姻亲，法定代理人受雇人同居人者。

七　公证人之书记。

第三十二条　公证人作成公证书，应将请求人或其代理人之陈述，及所见之状况，并其他亲自调查之事实与调查之方法记载之。

第三十三条　公证人作成公证书，除记录其本旨外，并应记载下列事项。

一　公证书之号数。

二　请求人姓名性别年龄职业住所或居所，为法人或其他团体者，其名称及事务所。

三　由代理人请求者，其事由，及代理人之姓名性别年龄职业住所或居所，并曾使提出代理权限证明书之事由。

四　知请求人或其代理人之姓名并相识者，其事由，如系经证明为本人者，其事由，及方法，并该证人之姓名性别年龄职业住所或居所，如因急迫未经证明者，其事由。

五　曾使通译或见证人在场者，其事由，并该通译见证人之姓名性别年龄职业住所或居所。

六　曾使提出证明已得第三人允许承认或同意之证明书者，其事由，并该第三人之姓名性别年龄职业住所或居所，为法人者，其名称及事务所。

七　作成之年月日及处所。

第三十四条　公证人作成公证书，应用普通文字，笔画并应清晰。

字行应使接续，如有空白，须以线勾连。

记载年月日及号数，并其他数目，应用大写数目字。

第三十五条　公证书不得窜改或挖补，如有增加删除或附记者，应于栏外或末行记明字数，由公证人及请求人或其代理人并见证人盖章，或按指印，删除处，并应留存字迹，俾得辨认。

违反前项规定所为之更正或补充为无效。

第三十六条　公证人应将作成之公证书，向在场人朗读，或使其阅览，并经请求人或代理人承认无误后，于证书内记明其事由。

由通译在场者，应使通译将证书通译，并于证书内记明某事由。

为前二项之记载后，公证人应于证书签名盖章，并应使在场人签名，其不能签名者，公证人或见证人，得代书姓名，使本人盖章或按指印，并记明其事由，再由公证人及见证人盖章，或按指印。

证书有数页者，公证人及请求人或其代理人并在场人，应于每页骑缝处盖章，或按指印，但各页如显相接续者，虽有一部人欠缺，亦不因之无效。

第三十七条　公证人作成公证书，引用他文书并以为附件者，公证人及请求人或其代理人并在场人，应于公证书与该附件之骑缝处盖章，或按指印。

前三条之规定于前项附件准用之。

依前二项所添具之附件，视为公证书之一部。

第三十八条　证明为本人或代理权限已得第三人允许承认，或同意之证书及其他附属文书，应与公证人作成之公证书连缀，并由公证人及请求人或其代理人并在场人，于公证书及该文书之骑缝处盖章或按指印。

第三十九条　公证书之原本灭失时，公证人应征取已交付之正本或缮本，经所属地方法院院长认可，再作成正本替代原本保存之。

前项情形，公证人应于正本记明其事由，及认可之年月日，并签名盖章。

第四十条　公证人应使请求人于公证书原本贴用司法印纸。

第四十一条　请求人或其继承人，并就公证书有法律上利害关系之人，得请求阅览公证书原本。

第二十五条第一项第二项第四项及第二十八第二十九条第一项第二项之规定，于依前项请求阅览时准用之。

请求人之继承人及就公证书有法律上利害关系之人，请求阅览时，应使提出证明书。

第二十九条第二项之规定，于前项证明书准用之。

第四十二条　公证人应编制公证书原簿，于未为记载前，请所属地方法院院长于每页骑缝处盖印，并于簿面里页记明页数，签名盖印。

第四十三条　公证书原簿应于每一公证书作成时，依次记载下列事项。

一　公证书之号数及种类。

二　请求人之姓名住所或居所，为法人或其他团体者，其名称及事务所。

三　作成之年月日。

第三十四条及三十五条之规定，于前项情形准用之。

第四十四条　请求人或其继承人，得请求交付公证书之正本。

第二十五条第一项第二项第四项，第二十八条，第二十九条第一项第二项，第四十一条第三项第四项之规定，于依前项为请求时准用之。

第四十五条　公证书正本应记载下列事项，由公证人签名盖章。

一　证书之全文。

二　为正本字样。

三　请求交付人之姓名。

四　作成之年月日及处所。

违反前项规定者无正本之效力。

第四十六条　就合并记载数事件，或数人关系各别事项之证书，作成公证书正本，得只节录其必要部分，及关于证书方式之记载。

前项正本，于前条第一项第二款事项应记载为节录正本字样。

第四十七条　公证人交付公证书正本时，应于该正本末行后记明为该请求人或其继承人交付正本之事由，及交付之年月日并签名盖章。

第四十八条　请求人或其继承或并就公证书，有法律上利害关系之人，得请求交付公证书，或其附属文书之缮本或节本。

第二十五条第一项第二项第四项，及第二十八条，第二十九条第一项第二项，第四十一条第三项第四项之规定，于依前项为请求时准用之。

第四十九条　公证书或其附属文书之缮本或节本，应记载下列事项，由公证人签名盖章。

一　公证书或其附属文书之全文或一部。

二　缮本或节本字样。

三　作成之年月日及处所。

第五十条　请求交付公证书或其附属文书之缮本或节本者，得自备缮本或节本，将前条所列事项记载，请求公证人签名盖章，即与公证人亲自作成者，有同一之效力。

第五十一条　公证书之正本缮本节本，或其附属文书有数页时，公证人应于骑缝处盖章。

第三十四条第三十五条之规定，于作成前项文书准用之。

第五十二条 第十五条第二项之规定，于作成公证遗嘱不适用之。第二十五条至第二十九条之规定于作成拒绝证书不适用之。

第五章 私证书之认证

第五十三条 公证人认证私证书，应使当事人当面于证书签名或盖章承认。为其签名或盖章，并于证书后记明其事由而为之。

认证私证书之缮本，应将缮本与原文对照相符，并于缮本后记明其事由而为之。

私证书有增删改窜栏外记载，或其他更正补充，或有损坏，或外形上可疑之点者，应将其状况于认证文内记明之。

第五十四条 认证之证书，应记载登簿号数，认证之年月日及处所，由公证人签名盖章，并应使在场人签名，且将该证书与认证簿之骑缝处盖章或按指印。

第三十六条第三项后段之规定，于前项在场人不能签名者用之。

第五十五条 第二十三条至第三十一条，第三十四条，第三十五条，第三十六条第四项之规定，于认证私证书准用之。

第五十六条 公证人应编制认证簿。

第四十二条之规定，于前项认证簿准用之。

第五十七条 认证簿应于每次认证时，依次记载下列事项。

一　登簿号数。

二　请求人之姓名住所或居所，为法人或其他团体者，其名称及事务所。

三　私证书之种类及签名或盖章人。

四　认证之方法。

五　见证人之姓名住所或居所。

六　认证之年月日。

第三十四条及第三十五条之规定，于前项情形准用之。

第六章　代理及交替

第五十八条　公证人因疾病或其他不得已之事由，不能执行职务时，得嘱托地方法院管辖区域内或邻近地方法院管理区域之公证人代理之。

嘱托代理时应立向地方法院院长呈报解除，代理时亦同。

第五十九条　公证人未依前条第一项嘱托代理或不能嘱托代理时，所属地方法院院长应派本法院管辖区域内邻近地方法院管辖区域内之公证人代理之。

公证人能执行职务时，地方法院院长应撤销其代理。

第六十条　公证人之代理，依前二条执行代理职务，应于所代理之公证人事务所为之。

代理人于职务上签名时，应记载其为代理人及所代理之公证人职衔姓名，并其所属法院与事务所所在地。

第六十一条　公证人死亡免职去职停职或嘱托代理人时，如有必要，所属地方法院院长应速派人将其所管文书盖印封存。

第六十二条　遇有接任或代理时，前任与后任速将所管文书金钱等项点交清楚，如前任不能点交者，所属地方法院院长应派人会同后任点交，如文书依前条封存者，应派人会同开封。

第七章　监督及惩戒

第六十三条　公证人应受所属地方法院院长及其上级行政监督长官之监督。

第六十四条　监督权得以下列方法行使之。

一　公证人处理事务不当者，命其注意，并为适当之处置。

二　公证人行止不检者，加以儆告，但应先使其辩解。

第六十五条　监督长官得检阅公证人所管之文书，并得派人检阅。

第六十六条　请求人或利害关系人，对于公证人之职务上行为抗得为抗议，前项抗议，依本章所定监督权处分之。

第六十七条　公证人违背职务上义务，或有其他溺职渎职情事者，应付惩戒。

第六十八条　惩戒为下列四种。

一　谴责。

二　一千元以下之过怠金。

三　一年以下之停职。

四　免职。

第六十九条　前条第二款至第四款之处分，依惩戒委员会之议决，由司法行政部命令执行之。前条第一款处分，由高等法院执行之，仍呈报司法行政部。

第七十条　惩戒委员会设于高等法院。

惩戒委员会规则由司法行政部另以部令定之。

第七十一条　公证人不缴纳过怠金者，以检察官之命令执行之。

前项命令，与债务名义有同等之效力，并准用关于民事执行之法令。

公证人缴纳之保证金，除第十七条第二项之公告费用外，应尽先清偿过怠金。

第七十二条　本法之施行日期，由司法行政部分别以部令定之。

The Provisional Regulations Relating To Notaries

Promulgated by the Judicial Yuan on July 30, 1935.

Chapter I
General Provisions

Article 1. —For the conduct of notarial affairs, a district court shall establish a notary office and may, when necessary, establish branch notary offices at proper places within the precincts of its jurisdiction.

Article 2. —The notarial affairs shall be conducted exclusively or concurrently by a judge of the district court as designated by the Ministry of Judicial Administration.

When the judge specified in the preceding paragraph is unable to perform the function, the president of the district court may appoint another judge to act for him.

Article 3. —The notary office may have clerks to assist the judge in the conduct of notarial affairs.

Article 4. —The judge may, upon application of the parties or other interested persons, make notarial acts concerning either juristic acts or facts relating to private rights, or certify private acts.

The application specified in the preceding paragraph may be made orally or in writing.

Article 5. —The judge shall not refuse the application of the applicants except for proper cause.

Article 6. —The applicants shall pay notarial fees according to the regulations relating to notarial costs.

The regulations relating to notarial costs shall be made separately.

Article 7. —Notarial affairs shall be conducted at the notary office, unless it is provided otherwise by laws and ordinances, or unless the nature of the affair does not permit it to be conducted at the notary office.

Article 8. —Regarding the withdrawal of the judge in the performance of notarial functions, the provisions of Article 32 of the Code of Civil Procedure shall apply *mutatis mutandis*.

Article 9. —When the judge affixes his signature in the performance of functions, he shall specify the notary office of such court and his official title.

Article 10. —No act made by the judge shall have the effect of a notarial act, unless it has complied with all the requirements prescribed by the present Regulations and by other laws and ordinances.

Article 11. —When a notarial act is made for the payment or delivery of a definite amount either of money or other fungibles, or of valuable securities with a statement that it shall be subject to compulsory execution direct, it may be so executed accordingly. But if the debtor files a suit of objection (to the execution) the court adjudicating may, at its discretion, order to suspend execution.

Article 12. —Members of the staff of the notary office shall, unless otherwise provided by laws and ordinances, keep confidential all the matters done by them.

Article 13. —Should the judge fail to conduct the notarial affairs properly, the applicant or any interested person may raise objection thereto.

The objection specified in the preceding paragraph shall be dealt with according to the provisions relating to the supervision of judicial administration.

Article 14. —Originals of the notarial acts made by the judge and annexes thereof and the books kept according to laws and ordinances shall not, except in case of emergency, be taken out of the notary office, unless the court or the procurator calls for their production.

The regulations relating to the preservation and destruction of the documents specified in the preceding paragraph shall be made separately.

Chapter II
The Formation of a Notarial Act

Article 15. —The judge shall not make any notarial act concerning an illegal object or a void juristic act.

Article 16. —A notarial act shall be made in the Chinese language.

Article 17. —If the judge, in making a notarial act does not know the applicant he shall cause the latter to have his identity proved by a certificate of the chief (Chuchang), the Chamber of Commerce, or the Head Officer of police of the district to which he belongs, or by two witnesses known to the judge. If the applicant is an alien, his identity shall be proved by a certificate of the minister or a consul of his country.

In addition to compliance with the provisions of the preceding paragraph, the judge may, if he deems necessary, require a collective photograph of the applicants to be taken and kept in file.

Article 18. —When the applicant does not understand the Chinese language, or is deaf or dumb and cannot express his ideas by letters, the judge making the notarial act shall have an interpreter to be present.

Article 19. —If the applicant is blind or illiterate, the judge making the notarial act shall have an eye-witness to be present. He shall do the same even in the absence of the aforesaid conditions when the applicant so requests.

Article 20. —When the application is made by an agent, besides the application of the three preceding Articles, the agent shall produce his power of attorney.

If the power of attorney specified in the preceding paragraph is an uncertified private act, it shall be proved in the manner described in the first paragraph of Article 17.

Article 21. —When upon application a notarial act is to be made in respect of a juristic act which has to be approved or consented to by a third person, the applicant shall produce a certificate showing the approval or consent of the third person.

The provisions of the second paragraph of the preceding Article apply *mutatis mutandis* to the case specified in the preceding paragraph.

Article 22.　—Interpreters and eye-witnesses shall be chosen by the applicants or their agents. An eye-witness may act concurrently as interpreter.

Article 23.　—The following persons are not allowed to be eye-witnesses or witnesses:

(1) Minors;

(2) Persons sentenced to imprisonment or higher punishment;

(3) Bankrupts not yet rehabilitated;

(4) Persons under interdiction;

(5) Persons dismissed from office as a disciplinary measure and still excluded from official appointment, or lawyers whose names have been struck off the rolls and whose exclusion is not yet four years;

(6) Persons interested in the matter applied for;

(7) Persons who are or were agents or assistants in respect of the matter applied for;

(8) The spouse, the head or any member of the household, or the statutory agent of either the judge or the applicant or his agent, or persons related to any one of them by blood within the seventh degree or by marriage within the fifth degree;

(9) The clerks and employees of the notary office.

Article 24. —The judge, in making a notarial act, shall note therein the statements made by the applicants or their agents and the existing conditions he has observed and such other facts as verified by him together with his mode of verification.

Article 25. —Besides the text, a notarial act shall note the following items:

(1) The numeral of the notarial act;

(2) The full name, sex, age, occupation and domicile or residence of each of the applicants; in case of a juristic person, its name and the location of its office;

(3) If the application is made by an agent, the cause of the agency, together with the full name, sex, age, occupation, and domicile or residence of the agent and the production of the power of attorney;

(4) If the judge knows the applicant or his agent, how he knows; if the identity of the applicant or his agent has been proved by a certificate or by witnesses known to the judge, how he ascertains together with the full name, sex, age, occupation and domicile or residence of these witnesses;

(5) If a certificate of approval or consent of a third person has been produced, why such certificate is necessary, together with the full name, sex, age, occupation and domicile or residence of the third person; in case of a juristic person, its name and the location of its office;

(6) If there are interpreters or eye-witnesses present, the reason of their presence, together with the full name, sex, age, occupation

and domicile or residence of these interpreters or eye-witnesses;

(7) The date when and the place where the notarial act is made.

Article 26. —The notarial act shall be made in simple and clear sentences, distinctly written, the words and lines to be consecutive; empty spaces, if any, shall be filled with ink lines.

To denote the dates, numerals and other numbers, the complex type (Ta-Shieh) of the numerical characters shall be used.

Article 27. —No word in the notarial act may be effaced and mended or otherwise altered. In case words are added to or crossed out, it shall be done in the following ways:

(1) When words or sentences are crossed out, such words or sentences shall be left in a legible state;

(2) The number of words added to or crossed out shall be noted at the end or in the margin of the notarial act and the judge, the applicants or their agents and the eye-witnesses shall affix thereon their respective seals.

Corrections not in conformity with the provisions of the preceding paragraph are of no effect.

Article 28. —The judge shall read out the notarial act made by him to the persons present or let them read over; after the applicants or their agents have acknowledged its correctness, such acknowledgment shall also be noted therein.

Where there is an interpreter, the judge shall order him to interpret the notarial act, and such interpretation shall also be noted.

After the notes specified in the two preceding paragraphs have been made, the notarial act shall be signed and sealed by the judge and the persons present; in case of a person unable to do so, the judge or an eye-witness may sign for him and have his seal or finger-print affixed thereon; such fact shall be noted, with the seal of the judge and the eye-witnesses thereon.

When a notarial act consists of several sheets, the judge, the applicants or their agents, and the eye-witnesses shall affix their seals or finger-prints across the joining between sheets. But if by the context it can be shown that the consecutiveness of the different sheets is correct, the act shall nevertheless be valid, even though the seals of some of the persons are lacking.

Article 29. —When a notarial act refers to some other documents as annexes, the judge, the applicants or their agents and the eye-witnesses shall affix their seals or finger-prints across the joining between the act and the annexed documents.

The provisions of the three preceding articles apply *mutatis mutandis* to the annexed documents specified in the preceding paragraph.

The annexed documents specified in the preceding paragraphs are deemed as a part of the act.

Article 30. —The judge shall get all certificates together with annexed documents to be attached to the notarial act and affix his seal across the joining between them, and shall also cause the applicants or their agent and the eye-witnesses to affix their seals or finger-prints across the joining.

Article 31. —When the original of a notarial act is destroyed or lost, the judge shall seek one of the true copies or duplicate copies issued to he persons concerned and, upon approval of the president of the district court, shall make another true copy to be kept in lieu of the original.

The circumstances set forth in the preceding paragraph and the date of the approval shall be noted in the true copy by the judge with his signature and seal.

Article 32. —The applicants or their heirs and persons juridically interested in the notarial act may apply for a perusal of its original.

The provisions of Articles 17, 20, and 21 apply *mutatis mutandis* to the application for perusal specified in the preceding paragraph.

When the said perusal is applied for by the heirs of the applicants or by persons juridically interested in the notarial act, the judge shall require them to produce certificates.

The provisions of the second paragraph of Article 20 apply *mutatis mutandis* to the certificates specified in the preceding paragraph.

Article 33. —The notary office shall keep a register of notarial acts and, before making any entry therein, shall request the president of the district court to affix the court seal across the joining between sheets of the register.

On the inner side of the upper cover of the register, the number of sheets shall be recorded and the seal affixed.

Article 34. —Whenever a notarial act has been made, the following items shall be entered in order in the register:

(1) The numeral and kind of the notarial act;

(2) The full name and the domicile or residence of the applicant; in case of a juristic person, its name and the location of its office;

(3) The date of the act.

The provisions of Articles 26 and 27 apply *mutatis mutandis* to the case specified in the preceding paragraph.

Article 35. —The applicants or their heirs may apply for the issuance of a true copy of the notarial act.

The provisions of Articles 17, 20, 21, and of the third paragraph of Article 32 apply *mutatis mutandis* to the application specified in the preceding paragraph.

Article 36. —A true copy of the notarial act shall contain the following items with the signature and seal of the judge:

(1) The whole text of the notarial act;

(2) The indication of it as a true copy;

(3) The full name of the person applying for its issuance;

(4) The date when and the place where it is made.

A copy of the notarial act not made in conformity with the provisions of the preceding paragraph shall not have the effect of a true copy.

Article 37. —When a notarial act consists of several matters or when several persons have one notarial act made in common, an application may be made to the notary office to make a true copy of such portion of the act as concerns the applicant himself.

The true copy specified in the preceding paragraph shall be noted as an extract true copy.

Article 38. —The judge, when issuing a true copy of the notarial act, shall, after the last line of the true copy, note the fact that it is issued to the applicant or his heir and the date of the issuance with his signature and seal.

Article 39. —The applicants or their heirs or persons juridically interested in the notarial act may apply for the issuance of a duplicate copy or an extract duplicate copy of the act and of the documents annexed thereto.

The provisions of Articles 17, 20, 21, and of the third paragraph of Article 32 apply *mutatis mutandis* to the application made according to the preceding paragraph.

Article 40. —The duplicate copy or extract duplicate copy of a notarial act and of the documents annexed thereto shall contain the following items with the signature and seal of the judge:

(1) The whole or a part of the text of the act and of the documents annexed thereto;

(2) The indication of it as a duplicate copy or as an extract duplicate copy;

(3) The date when and the place where the duplicate copy or the extract duplicate copy is made.

Article 41. —When a true copy, a duplicate copy, or an extract duplicate copy of a notarial act or documents annexed thereto consists of several sheets, the judge shall affix his seal across the joining between sheets.

The provisions of Articles 26 and 27 apply *mutatis mutandis* to the documents specified in the preceding paragraph.

Article 42. —The provisions of Article 7 do not apply to notarial testaments.

The provisions of Articles 17 to 21 do not apply to protests (as of a bill or note).

Chapter III
The Certification of a Private Act

Article 43. —In certifying a private act, the judge shall cause it to be signed or sealed in his presence by the parties or cause them to acknowledge in his presence that they have signed or sealed it, and shall note such fact in the act.

The text of a duplicate copy of a certified private act shall be checked to be identical with the original text of the act, and such identity shall be noted in the duplicate copy.

If there is in the private act anything added to, crossed out, or otherwise altered, or damaged, or in its form any point obviously suspicious, it shall be noted in the certification.

Article 44. —In the certification the numeral with which it is entered in the register of certification and the date when and the place where the certification takes place shall be noted with the signatures and seals of the judge and all the persons present. The certification and the register of certification shall be joined to each other, and a seal affixed across the joining between the folding of the certification and the register.

The provisions of the latter part of the third paragraph of Article 28 apply *mutatis mutandis* to any of the persons mentioned in the preceding paragraph who cannot sign.

The provisions of Articles 14 to 23, 26, 27, and of the fourth paragraph of Article 28 apply *mutatis mutandis* to the certification of private acts.

Article 45. —A register of certification shall be kept at the notary office. The provisions of Article 33 apply *mutatis mutandis* to the register of certification specified in the preceding paragraph.

Article 46. —When certification takes place, the following items shall be entered in order in the register of certification:

(1) The numeral of entry;

(2) The full name and domicile or residence of the applicant; in case of a juristic person, its name and the location of its office;

(3) The kind of the private act and the persons who sign or seal it;

(4) The mode of certification;

(5) The full name and domicile or residence of the eye-witness or eye-witnesses;

(6) The date of certification.

The provisions or Articles 26 and 27 apply *mutatis mutandis* to the case specified in the preceding paragraph.

Supplementary Provisions

Article 47. —The present Regulations shall be promulgated by the Judicial Yuan; the date when and the area wherein they are to be enforced shall be determined by an order of the Ministry of Judicial Administration.

Rules For The Enforcement of The Provisional Regulations Relating To Notaries

Promulgated by the Ministry of Judicial Administration
on February 14, 1936

Article 1. —An application for notarial action, except made orally, shall be made by filing a petition wherein the applicant or his agent shall sign, seal, or affix his finger-print.

The provisions of the preceding paragraph apply *mutatis mutandis* to the application for perusal or for issuance of a true copy, duplicate copy, or extract duplicate copy of the notarial act.

Article 2. —The notary office shall conduct the notarial affairs according to the order of the serial receipt numbers of the matters.

Article 3. —When an applicant applies for certification of a private act, he shall enclose a duplicate copy of the private act.

In the duplicate copy specified in the preceding paragraph, the circumstances attending the certification shall be noted by the notary office and such copy to be kept in file.

Article 4. —The notary office shall affix the seal of the office on the documents submitted by the applicants for proof and such other documents as should be returned, and shall also note thereon the sheet number and book number of the register of notarial acts, the numeral of the notarial act, or the sheet number and book number of the register of certification, the numeral (of entry), the date of the receipt of the matter and the numeral of the matter, and such documents are to be returned to the said applicants.

Article 5. —When an applicant or interested person raises objection in accordance with Article 13 of the Provisional Regulations Relating to Notaries, the judge of the notary office shall, within three days, transmit the memorandum of objection and related documents to the president of the district court for decision, and shall, when he deems necessary, submit a memorandum of opinion.

Article 6. —The president of the district court, after he receives the objection specified in the preceding paragraph, shall consider whether the objection is well grounded or not speedily take one of the following measures:

(1) order the judge of the notary office to take appropriate measure;

(2) dismiss the objection.

Objection may be made against the measure specified in the preceding paragraph to the superior official supervising judicial administration within five days from the day after the receipt of such measure.

No objection may be made against the measure of the superior official supervising judicial administration specified in the preceding paragraph.

Article 7. —Besides the books as provided in the Provisional Regulations Relating to Notaries, the notary office shall kept the following books (provided that when necessary, petition may be made to the Ministry of Judicial Administration for addition or substraction at its discretion）：

(1) Register of notarial matters received;

(2) Receipt counterfoils of documents for use in application for notarial action;

(3) Register of notarial fees;

(4) Receipt counterfoils of notarial fees;

(5) Register of notarial documents returned;

(6) Register of issuance of true copies, duplicate copies, and extract duplicate copies of notarial acts;

(7) Register of perusals of notarial documents;

(8) Register of objections;

(9) Archives and indexes of notarial documents.

Article 8. —The provisions of Article 33 of the Provisional Regulations Relating to Notaries apply *mutatis mutandis* to the books specified in the preceding paragraph.

Article 9. —The register of notarial matters received shall be changed anew on January 1st of each year.

Article 10. —When there are several applicants in an application, only the full name of the first mentioned applicant and number of other applicants shall be noted in the register of matters received.

In the circumstances specified in the preceding paragraph, receipts of documents and fees shall be issued to only one of the applicants.

Article 11. —Originals of notarial acts, certified duplicate copies of private acts, registers of notarial matters received, registers of notarial acts, registers of certification, archives and indexes of notarial documents shall be kept permanently.

Books other than those specified in the preceding paragraph shall be kept for five years.

Article 12. —The period for the preservation of books and documents as specified above shall be reckoned from the year next to the current year.

Article 13. —When the period for the preservation of notarial books expires, petition shall be filed with the high court and, upon approval, such books shall be destroyed and burned.

Article 14. —When a part or the whole of a notarial act is destroyed or lost, the judge shall immediately report the kind of the act, the circumstances and date of destruction or loss to the president of the district court and shall request him to prescribe a period not less than three months for seeking a true copy or a duplicate copy of the notarial act so that a new true copy may be made.

In the new true copy specified in the preceding paragraph, the circumstances and date of destruction or loss of the original and the date of formation of the new true copy shall be noted with the signature and seal of the judge.

Article 15. —When notarial books are destroyed or lost, the notary office shall replace books identical with those destroyed or lost and shall report to the high court for the purpose of record the kind and number of books destroyed or lost and the circumstances and date of destruction or loss.

Article 16. —When the notarial books and their annexed documents are in danger of being destroyed or lost, the president of the district court shall immediately take necessary measures and report the same to the high court.

Article 17. —The district court shall make a quarterly report and submit the same to the high court to be forwarded to the Ministry of Judicial Administration for the purpose of record.

Article 18. —The present Rules shall be enforced from the date of enforcement of the Provisional Regulations Relating to Notaries.

The Regulations Relating To Notarial Costs

Promulgated by the Ministry of Judicial Administration on February 14th, 1936.

Article 1. —Notarial costs shall be paid by means of judicial stamps in accordance with the provisions of the present Regulations.

Article 2. —When parties apply for the formation of notarial acts concerning juristic acts, notarial costs shall be levied, unless otherwise provided in these Regulations, according to the value of the subject matter involved as follows:

Value of the Subject Matter	Notarial Fees
Below $200	$1.50
Not less than $200 and below $500	$6.00
Not less than $500 and below $1,000	$5.00
Not less than $1,000 and below $3,000	$9.00
Not less than $3,000 and below $6,000	$14.00
Not less than $6,000 and not more than $10,000	$19.00

When the value of the subject matter exceeds ten thousand dollars, one dollar shall be levied for every additional thousand dollars. When such amount is below one thousand dollars, it shall be reckoned as one thousand dollars.

Article 3. —The value of the subject matter in a juristic act shall be the value obtaining at the time when the judge commences to make the notarial act.

Article 4. —When a notarial act is made for a principal and an accessory acts, the notarial fees shall be fixed by the value involved in the principal act.

Article 5. —When a difference exists between the value of a claim secured and that of the securities, the less in value shali be taken as the basis of estimation.

Article 6. —The estimation of the value of servitude shall be based upon the value increased to the dominant land; provided that when the value decreased in the servient land is more than the value increased to the dominant land, the estimation shall be based upon the value decreased.

Article 7. —The estimation of the value of superficies or that of the right of "Yung-tien" shall be based upon the amount of its annual rental multiplied by twenty, provided that when the value of the land is less than the multiplied amount of the annual rental, the value of the land shall then be taken as the basis of estimation.

Article 8. —The estimation of the value of the right of "Dien" shall be based upon the price of "Dien", provided that when the value of the property is less than the price of "Dien", the value of the property shall be taken as the basis of estimation.

Article 9. —The estimation of the value of a lease shall be based upon the amount of the total rental during the continuance of the right. When the duration of the lease is not fixed, the total amount of the rental for two terms shall be taken as the basis of estimation.

Article 10. —The estimation of the value of periodical perform-ance or that of periodical collection of fruits shall be based upon the total amount of receipts during the continuance of such right. When the duration of the right is not fixed, the amount of receipt of each term multiplied by two shall be taken as the basis of estimation.

Article 11. —The value of fruits (natural or legal), damages and costs which are the accessory subject matters of a juristic act shall not be included in the estimation.

Article 12. —When the value of the subject matter involved in a juristic act cannot be estimated, it shall be taken as five hundred dollars; provided that when the minimum value of the subject matter is obviously over five hundred dollars or the maximum value is obvi-ously below five hundred dollars, such minimum or maximum value shall be taken as the value of the subject matter in the juristic act.

Article 13. —When parties apply for formation of a notarial act concerning any of the following, two dollars shall be levied as notarial fees:

(1) Acknowledgment, approval, or consent;

(2) Rescission of a contract;

(3) Revocation of a part or the whole of a will;

(4) Supplementation or correction of a juristic act of which a no-tarial act has been made in the same notary office.

Article 14. —Except otherwise provided in the present Regula-tions, when parties apply for the formation of a notarial act concern-ing facts relating to private right, the notarial fees shall be estimated according to the time required to verify the facts and to make the notarial act at the rate of one dollar for an hour. Any fraction of an hour shall be reckoned as one hour.

Article 15. —When parties apply for the formation of a notarial act concerning the resolutions of a general meeting of shareholders or other kinds of meetings, the notarial fees shall be levied according to the provisions of the preceding Article.

Article 16. —When parties apply for the formation of a notarial act concerning a juristic act together with its related facts, notarial fees shall be levied according to the higher amount of the costs as herein provided respectively required for the juristic act and for the facts.

Article 17. —When parties apply for the formation of a notarial act concerning several unrelated facts, notarial fees shall be estimated and levied separately for the respective facts.

Article 18. —When parties apply for recording of the statutory formalities of a secret will, two dollars shall be levied as notarial fees.

Article 19. —When parties apply for the formateon of a power of attorney, a demand, an acceptance, or a certificate of protest, two dollars shall be levied as notarial fees.

Article 20. —When parties apply for the formation of a notarial act concerning a juristic act and also for the insertion of a statement that it shall be subject to compulsory execution direct, the notarial fees shall be twice as much as would be required for the formation of a notarial act.

Article 21. —When parties apply for the certification of a private act, the notarial fees shall be half of the amount as required for the formation of a notarial act.

Article 22. —When the estimation of notarial fees is based upon the value of the subject matter involved n a juristic act, although the total value is below one dollar, it shall nevertheless be reckond as one dollar.

Article 23. —When parties or other interested persons apply for the issuance of a true copy, duplicate copy, or extract duplicate copy of a notarial act or of the documents annexed thereto, twenty cents shall be levied for every hundred words as copying fee. When the number of words is below one hundred, it shall be reckoned as one hundred.

Article 24. —When parties or other interested persons apply for perusal of the original of a notarial act or perusal of other documents, forty cents shall be levied for each perusal as perusal fee.

Article 25. —Where the amount of notarial fees for a particular matter is not provided in the present Regulations, it shall be levied according to the costs required in a matter most similar to the one in question.

Article 26. —The provisions of the Regulations Relating to Costs as concern the travelling expenses of judges and clerks apply *mutatis mutandis* to the travelling expenses of the judges and clerks (of the notary office) when they go out in the performance of their notarial functions.

Article 27. —When upon application documents are to be served by the notary office，the provisions of the Regulations Relating to Costs as concern service fee apply *mutatis mutandis*.

Article 28. —The notary office may order the parties to pay notarial costs in advance or to furnish securities instead.

When parties fail to pay the costs in advance or furnish reasonable securities，the notary office may refuse their application.

Article 29. —The notary office shall issue receipts of a prescribed form against any payment of costs.

When the provisions of the preceding paragraph are not complied with，the parties may refuse to pay the costs.

Article 30. —The present Regulations shall be enforced from the date of enforcement of the Provisional Regulations Relating to Notaries.

翁腾环先生学术年表

葛 磊

1904 年（清光绪三十年）

出生于浙江永康一户农家，是家中第七个儿子，过继给了邻村同姓人家做养子。

1909 年

就读私塾，识字断文，所习四书五经等儒学传统文化，后入读县立高小。

1914 年

因民国建立，课本改为小学语文教程，翁腾环先生学起了新学，课业总是名列前茅，被永康县县长称誉："该生行文雄伟，有经国之才。"

1918 年

考入永康县中学，其养父母借高利贷供其上学，翁腾环课余替人画画、为富家子弟补习功课赚取钱粮，以偿还高利贷。

1922 年

就任县立小学教员，在永康县城开设了"腾兰绘画社"。

1924 年

翁腾环先生独闯上海滩，在纹图社打工做学徒，后来自己开设了

    * 法学博士，现为北京航空航天大学法学院讲师。

"腾兰纹术社",替商家设计服装图案,几年后又开设了腾环制药厂。

1931 年

考入上海江南法学院,用三年时间修完本应六年修完的预科和本科课程。

1934 年

获得法学士学位,与姚芸薇结婚,毅然弃商,赴江苏高等法院第三分院(地处上海法租界内)任职。在工作之余着力编写理论著作,还经常为《中华法学协会》《法令周刊》《民报》和《法言》写稿。

1935 年

出版了《法律常识》《世界刑法保安处分比较学》《民众基本丛书·第 1 集》(参编)等法学著作。其中《世界刑法保安处分比较学》,由时任司法院院长居正作序,司法行政部的前后任部长题词,陈立夫也为此书作序,发行人为王云五(上海商务印书馆馆长,四角号码字典发明者)。此书具有较高的学术价值,又颇具实用指导的意义,填补了中国这一专业学术领域的空白,被国内外各大图书馆收藏。

1937 年

随司法部入川,任重庆地方法院检察官兼法律专科学校讲师,后调任重庆江北地方法院及泸州地方法院,任检察官之职。出版著作《公正法释义与实务》。

1939 年

秘密赴西康做司法调查,为日后国府迁移该地区提供司法资情,主持起草了《西康司法特别法》。回渝后,自行举资筹办了"西康文物展览会",系抗战期间重庆除了当局举办过"新生活展览会"之外,最大规模的展览会。

1941 年

著《调查西康司法报告书》,由司法部出版,共二十余万字。抗战期间,经司法部代部长洪陆东推荐,被调任侍从室第三处任处员,领少将衔。

1945 年

抗战胜利，因表现杰出，被授予"锦星勋章"，获赠蒋介石亲笔签名戎装照和参加蒋介石夫妇私宴的殊荣。但因近距离地接触到了政治黑幕和腐败恶象，决定退出官场，专心从事科学技术研究和创办实业，创办了中美赛璐珞制造厂。

1953 年

成立了"翁腾环科学试验室"，陆续发明了明光活性剂罗甸、飞机涂料不燃喷漆、蓝墨水无沉淀配方、闪光花杆金笔赛璐珞、白昼电影、蘑菇菌种、明光显影术、一分钟自动成像及立体照片等科技成果，但未被相关部门采用，一分钟成像照片中国直到 20 世纪 80 年代才从国外进口。随后几年，翁腾环自筹资金拍摄的彩色纪录片和科教片《红江湾》《劳动大军》《菜豆高产》《花花绿绿》《动物园》《蝉蜕》《人造卫星》等，推广科普知识。

1980 年

病逝于上海，享年 77 岁。

《公证法释义与实务》导读

肖建国 *

一

　　传统意义上的公证，即为依国家权力证明某种特定事项的法律制度，在形式上表现为法典化的《公证法》，在实质上散落在民商事法律之中。在现阶段，面对市场经济迅猛发展下的多样化民商事纠纷，依托完备的民事实体法与民事程序法解决纠纷成为每个法治国家的不二选择，而在实体法与程序法结合愈加紧密状态下，如何优化、细化、系统化民事程序法成为一个不可回避的话题。这种优化表现在以纠纷预防与纠纷解决为导向的理论范式中，具体包括了截然分开但又相互融合的预防与解决两个阶段。《公证法》及公证理论的使命与纠纷的两个阶段紧密相关。

　　在第一阶段中，公证成为预防纠纷的屏障。民商事行为充满了意思自治与特定的利益选择，也因此充满了诸多不确定性与纷繁复杂的纠纷隐患。当纠纷的潜在主体忽视甚至故意促成这种隐患时，就会促成纠纷的产生。此时，公证的意义就在于提前利用国家权力介入民商事行为中，并在形式上给予民商事行为各种限制，例如类似某些特定

---

　　* 中国人民大学法学院教授、博士生导师。

不动产特殊类型合同的公证备案，以及以公证遗嘱为代表的某些特定法律行为的公证。纠纷发生前公证对于潜在纠纷的预防功能，与纠纷发生后公证证明在化解纠纷时的作用，印证了纠纷前公证介入的合理性与独特价值。由于公证机关特定的法律地位及其与司法行政机关对待法律问题相似的程序性与严谨性，公证的介入会使民商事行为主体感知自身行为的重要性，并约束其民商事行为，尤其对于筛选合理的民商事行为有所助益。这不仅可以减少个案纠纷，更可促使整个社会民众选择更加理性的民商事行为。

在第二阶段中，公证为纠纷的解决提供了效率的保障。公证有着天然的公权力属性，尤其在我国，在普通民众意识中将其归为政府的一部分，甚至被视为与司法行政机关同等类型的国家机关，这种天然的"公权力"属性给纠纷的双方提供了稳定性，以公证的存在或提前介入为标志的纠纷往往更容易得到司法机关的及时处理。这又在民事诉讼法上表现在以下两个方面：

一是公证的证据属性。公证文书属于公文书，其证据属性和强大的证明力成为查明事实的催化剂，尤其在证明责任分配模糊、当事人诉讼能力不足时，公证文书的存在成为定分止争的关键。在民事诉讼辩论主义与处分原则之下，打官司就是打证据，当事人主张的事实有公证文书作为证据来证明的，在民事诉讼法中作为免证事实来对待，对方当事人要提出证据推翻公证文书所载内容几乎是不可能的。在事实认定领域，公证文书如同定海神针，有了它，当事人就免去了举证之苦，法官也免去了心证之累，事实认定将变得易如反掌。

二是公证的强制执行属性。公证的强制执行属性是公证对权利保护的重大贡献。从我国的实践来看，承认、开发并保障公证的强制执行力成为实现民事权利的一个重要发展方向。与公证的证据属性不同，公证的强制执行属性具有明显的主动性，不再成为纠纷爆发后辅助解决纠纷的手段或程式之一，而成为权利实现和保护的核心。公证强制执行属性的发展将公证制度从纠纷解决的幕后推到了前台，并赋予了强大的效力。纠纷的主体可以跳过原有民商事诉讼复杂的查明事实、适用法律的过程，仅依据赋强公证文书直接向法院申请执行，权利的实现更为快捷，减少迟到的正义，对于权利人来说无疑具有强大的吸引力，也有利于分流案件，避免诉讼爆炸的发生。

二

公证在纠纷产生前后两个阶段的功能对公证制度本身提出了更高的要求，如果公证欲在实质层面对纠纷的解决提供帮助或帮助其他纠纷解决机关分担繁重的纠纷解决任务，那么健全的公证制度供给以及发达的公证理论研究不可或缺。自 2005 年《公证法》颁布以来，我国公证制度进入了高速化的发展阶段，集中表现在公证机构的发展与公证业务的扩张。然而令人遗憾的是，公证制度的理论发展仍处于起步阶段，公证的基本问题研究远远落后于其发展的步伐。回顾历史，在西学东渐的过程中，诸多部门法都以成文法的形式在中华大地上确立，其融合了最早一批法律人对于近代西方法律文化、法律知识及法律文本的考察，并结合中华大地的客观实际，其必然有着独特的历史地位与相当高的研究价值。在我国公证法的发展过程中，不能忘却这一段的历史，不能忽视这一段历史所承载的法律制度及其背后所蕴含的学术资源与学术意义。而《公证法释义与实务》一书，是关于民国时期公证制度实务的一本注释书，在公证法史上承前启后，对于后人了解先前的公证法制，特别是回溯东西方文明深度撞击的那个时代，为读者近距离观察近代法学先驱对中国公证法制的思考，意义非凡。当然，这种思考并不限于当时特殊的社会环境，而是从整个中华法系几千年的发展历程作出的判断，彼时的学术研究及立法活动，推动了西方现代法学（注释法学）引入中国。在我国改革开放之后仍有很长一段时间处于注释法学阶段，随着各个部门法尤其是民商事实体法、刑事实体法的发展，注释法学虽然已经成为过去式，不再成为理论研究方法的重点，但是，从法律发展的自身规律来看，公证法作为一个在我国欠发展的部门法，并未经历漫长的注释法学阶段，缺乏必要的学术积累，不能也无法直接跳跃到以法解释学为主的研究阶段。是故，回顾并反思当时的注释法学，不仅仅是对一段法学研究历史的审视，更是为我国公证法的研究与公证法的立法完善提供本土的学术资源、开拓思路之举。鉴于此，学习并研读此书更有着鲜明的时代意义与重要的学术价值。

三

公证的发展，首先必厘清公证机构的定位。对此有并合主义与独立主义之二分法，采前者则公证与法院融合较高，人民法院与公证员并不细分，虽有公证的内容，但无独立公证的组织，国民更乐于接受，便于公证业务的开展。从权力属性来看，公证依附于司法裁判权，并未成立独立的国家机构。独立主义则将公证作为一项独立的国家权力予以设定，与司法裁判机构平行，不受其组织上的约束，得以独立行使自身的权利。并合主义与独立主义的选用各有其丁秋，对具体公证业务的开展、与委托公证人的关系以及后续司法裁判中公证文书的法律效力有着不同的影响，故对公证独立地位之探讨有着重要的意义。

公证地位的探求还涉及公证员身份的定位。公证员作为法律职业的一部分，在并合主义下与法院裁判官并无差别，而在独立主义中则有着特殊的要求。对公证员的要求应以法律职业素养为前提，辅之以特定的法律实践经验，并以特定的形式予以委任。公证员是公证制度的核心部分，如何选拔公证员、规范公证员的行为需要在学术研究中予以明确。其中，公证员的行为属性又成为规范公证员制度的核心。在并合主义中，公证员的行为与司法行为几乎无差异，可以司法行为作为公证员行为的范本，要更为规范且更易得到民众的认可；而在独立主义中，公证的程序过程远离裁判机关，公证行为的效力多大程度上为纠纷解决的核心机关法院认可，就是一个问题。因而需要理论予以深入探讨，并通过立法予以详细的规定。

从我国现阶段的公证发展来看，我国立法坚持独立主义的原则，并无采并合原则或部分并合原则的倾向。这就要求明确公证机构在国家机关中的地位、公证从业人员的要求以及公证从业人员行为的标准。然而，我国《公证法》对此问题的规定比较模糊，公证机构地位的理论研究还比较薄弱，尚未厘清公证在整个国家权力中的地位，尤其是公证与人民法院之间的关系。实践中只能由各个地方单独规定，如此则出现了公证机构地位的地方差异，有的地方公证机构林立并以市场为导向，有的地方仍将公证机构作为当地的司法行政部门的一部分，而在愈发强调司法统一、强调同案同判的要求下，这种差异性阻碍了公证制度的发展，甚至对纠纷解决的系统化、整体化产生了冲击。这看似属于宏观上应探讨的内容，但直接影响了公证在纠纷解决中参与的广度与深度，在诸如跨省、跨地区的公证文书认证，人民法院对公证机构赋予强制执行效力的公证书的不予执行审查，以及在公证员选任、调任及与其他法律职业主体之间的关系等方面，各地做法不同、态度不一，大大减损了《公证法》的权威性和在我国适用的统一性。在强调法律职业共同体的今天，民众关注较多的是法官、检察官、公安及律师等法律职业群体，而公证员、仲裁员等具有独立法律

地位的法律职业群体却明显被忽视。这也是学术研究必须重视的
一点。

四

与公证的地位相对应，公证的适用范围往往与公证制度的发达程
度呈正相关关系。公证对社会生活渗透得越深，对民众日常生活、交
易实践规制得越频繁，其适用范围势必愈宽，公证制度就会成为民众
生活的一部分。法国的《拿破仑法典》曾规定，五十法郎以上的交易
须进行公证。这意味着，公证实践、公证员如同百姓家中的柴米油盐
那样司空见惯，须臾不可分离。由于生活中处处有公证，纠纷发生的
可能性大为降低，即使发生纠纷，公证书的证明力也能帮助权利人获
得胜诉。因此，宽泛的公证范围造就的发达公证制度，能够有效抑制
纠纷，能够促进纠纷的解决。当然，如果公证范围过宽，渗透到日常
生活的方方面面，也会带来弊端，造成民众生活不便、交易形式烦
琐。我国《合同法》在交易自由的旗帜下，对合同形式作了鼓励交易
的选择，即允许当事人选用适合的口头、书面等形式订立合同，书面
形式被限制适用于少数几类有名合同，《合同法》使用的是"应当采
用书面形式"的表述，这是一种倡导性规范，只要能够通过证人证言
或其他证据证明合同关系存在，即使违反书面形式也不会带来非常不
利的法律后果。《合同法》没有规定必须公证的合同事项，"强制公
证"入法的问题虽在制定过程中有过讨论，但在市场交易领域中最终
被立法所废弃，不过，这并不妨碍当事人就合同进行任意公证，从规
避合同风险、预防合同纠纷的角度，任意公证在交易领域仍然有广阔
的空间。

在大陆法系国家的公证立法中，常以法律事实、私法事实、有法

律意义的事实以及法律行为等概念指称公证的对象。我国立法继受大陆法系体例，对公证的范围采用了抽象的认定方式。然而法律事实、私法事实或曰有法律意义的事实的范围究竟为何，尚缺乏细致的研究。法律的制定，皆以一国文明程度的高下为基础，其不但要求法律的存在，还要求存在的法律能够有效地适用。法律的发展随着一国文明的发展不断推移发展，如何认识可公证的内容成为法律发展中解释学必须回答的问题。这种解释已经不再局限于《公证法》本身，而要求融合民商事实体法与民事程序法的规定，从预防纠纷和妥善处置纠纷的层面，来解释公证的适用范围。我国已于 2011 年建立社会主义法律体系，并在逐步完善各项法律，特别是在民法典的编纂过程中，是否有利于民商事纠纷的预防和解决，应当成为检验民法典编纂的一个试金石。在此时代的大背景下，民商事纠纷的预防和解决，作为社会治理现代化的重要一环来抓。可公证的法律行为、法律事实的范围不宜简单以《公证法》这一部门法的规定为依归，更需要与民商事实体法、程序法的发展相契合。从具体内容而言，民事实体法所限定的法律事实与法律行为的范围属于民事法律的核心问题，时代的发展给予其更多的现实内容，而民事程序法对《公证法》的要求则具有政策导向，力求回应中国的现实问题才是正途。

这都要求我们反思，在社会转型时期，公证机构与民商事实体法、程序法之间有着怎样的关系，三者之间是否也有着同样的发展机遇与内在关联，在公证研究中应当如何来处理三者之间的关系，以及在三者可能出现冲突时是否有着先后的顺序或特定的协调方式。

五

本书以注释法学的方法对 1935 年的《公证暂行规则》，依据条文顺序进行了细致的梳理和说明，结合了当时的理论论争与实践的具体做法，如实反映了民国时期公证制度的全貌。全书内容简洁明晰，资料翔实，为读者还原了八十多年前中华大地公证制度的原貌，是研究公证法的一份珍贵史料。我相信，在今日公证事业迅猛发展的背景下，本书对我国现行《公证法》的完善，也有相当大的助益。

《中国注释法学文库》编后记

　　"法学作为一种学术型态，其重要的构成要素是法律注释学，这是区别于哲学、文学、美学、经济学等其他人文学科的重要特点。法律注释学虽然早在古代即已产生，如古代罗马的私法注释学、古代中国的刑法注释学等，即使在没有法典的中世纪英国，也产生了法律注释学即判例法注释学。"① 注释法学是世界法学研究共同的样态。

　　中国古代法学就价值层面，具有无神论和现实主义精神，其法学理论的思辨精神淡薄，理论层次不高。从文献上讲，中国古代法学资料十分广泛，如《易经》《尚书》《周礼》《左传》《国语》《论语》《孟子》《荀子》《墨子》《老子》《庄子》《商君书》《慎子》《申子》《韩非子》《吕氏春秋》《历代刑法考》，还有正史列传、循吏列传、酷吏列传，《食货志》、私人文集，奏议及类书、丛书中的有关部分都与法学有关。②

　　从辞源上来讲"由于法学的概念是近代海禁打开以后，从西文输入的文化范畴，在古代是没有的，因此，传统律学就可以说是中国古代特定历史条件下的法学。"③ 所以，古代中国并没有出现正式定名的法学，有的是实质意义上的法学，即中国古代的律学。律学讲求"法条之所谓"，④ 与中国传统学术习惯和研究范式相一致，字词意的

---

　　① 何勤华：《法律近代化考论》，载《法律文化史谭》，商务印书馆 2004 年，第 281 页。
　　② 同上书。
　　③ 张晋藩：《清代律学及其转型》，载《律学考》，商务印书馆 2004 年，第 413 页。
　　④ 武树臣：《中国古代的法学、律学、吏学和谳学》，载《律学考》2004 年，第 11 页。

考据是学术的基础。从这个意义上说，古代的中国就已经产生了与近代法学意义同一的律学。两千多年来，对法律的研究大都驻足于如何准确地注释法律、诠解法意、阐明法律原则，形成了以注释律学为主要代表的传统律学。中国古代的注释法学，以注释律学为载体，是以注释国家的制定法为特征。注释的宗旨，在于统治者设定的框架下，准确注释法律条文的含义，阐明法典的精神和立法原意，维护法律在社会生活中的统一适用。①

　　在这个意义上说中国古代的注释法学，即律学，经过漫长的发展阶段，大致分为如下：传统注释律学的发端是以商鞅变法，改法为律和以吏为师为起始。西汉引经解律是注释律学的早期阶段。东汉章句注释到晋律解是律学的奠基阶段。《唐律疏议》的出现标志着注释律学的发展阶段，这一阶段显著特点是唐代以官定的律疏取代私家注律，强调法律解释的国家权威性。注释律学自宋代至元代逐渐衰微。明代是专制主义极端强化的时期，是注释律学振兴和复苏的时期，产生了著名的注释律学大作，如彭应弼《刑书据会》、陈棟《读律管见》、王肯堂《律例笺释》等。到清代注释律学又达到了鼎盛，历两百年不衰，直到20世纪初西学东渐而来的近代法律转型，建立中国近代法律体系止，清代的注释法学，在注释方法、注释内容和注释风格上，更达完备性、规范性，成为传统注释律学的最终成熟形态。②

　　中国传统法学到19世纪晚期经历着中华法系的死亡与再生，③

---

　　①　何敏：《从清代私家注律看传统注释律学的实用价值》，载梁治平编：《法律解释问题》，中国政法大学出版社1999年，第323页。
　　②　同上书，第325页。
　　③　何勤华：《中国古代法学的死亡与再生》，载《法律文化史谭》，商务印书馆2004年，第300页。

在此基础上产生了中国近代的注释法学。19 世纪末 20 世纪初，中国社会面临亘古大变，甲午战败、辛丑条约，到日俄战争，竟让外国人（俄国、日本）在我们的国土上开战，自己倒成了坐上观的看客！[1]在这样的屈辱历史背景下，1901 年慈禧太后发布新政诏书，中国传统社会开始自上而下地发生近代化转型。转型最烈在于宪政改革、官制改革，建立起了中国近代的国家官僚机构。1905 年慈禧发布预备立宪诏书，至此，清末以宪政改革为龙头的变法修律、近代化运动进入高潮。1908 年钦定宪法大纲出台，确立宪法上的君主立宪政体。这年慈禧与光绪相继谢世，转年进入宣统年，这场近代化改革依然继续，大量的近代法律法规均在这一时期纷纷颁布。据统计，从光绪二十七年（1901）到宣统三年（1911 年），整个清末"新政"十年，清政府发布新法律涉及宪政、司法、法律草案、官职任用、外交、民政、教育、军政、财政、实业、交通、典礼、旗务、藩务、调查统计、官报、会议等十多类，法规数量达 2000 余件，[2] 这一期间既是清政府没落的回光返照，也真实地开启了中国社会的法律近代化。

中国近代法学以移植西方法学，尤其是法德法系的六法为主干，输入西方法治文明的观念、制度与原则，这些涵括世界法律文明的内容包括：

第一，法律的渊源或是人类的理性（自然法），或是全体人民的共同意志（制定法），它是社会正义的体现；

第二，人的天赋的自然权利不可剥夺；

第三，国家或政府是人们之间通过协商、订立契约的产物，因

---

① 王涛：《大清新法令 1901—1911》点校本总序，商务印书馆 2010 年。

② 商务印书馆编译所编纂：《大清新法令》(1901—1911)，何勤华等点校，商务印书馆 2010 年。

此，国家或政府若不能保护人民，人民就有权推翻它；

第四，必须用法律来治理国家，哪里没有法治，哪里就肯定不再有政府存在；

第五，立法权是最高的权力，具有神圣性，但它不能侵犯公民的生命和财产；

第六，法律的主要目的是保护私有财产；

第七，法律制定后必须坚决执行；

第八，法律面前人人平等；

第九，法律与自由相联系，没有法律也就没有自由；

第十，一切拥有权力的人都容易滥用权力，因此，必须用权力或法律来制约权力。①

中国近代法学走上移植、继受西文发达国家法律文明的路子，学习途径，最初传教士从事法律教育、创办团体、刊物开始传播法律知识；② 清末政府积极推动，张之洞、袁世凯、刘坤一保举，经钦定的修律大臣沈家本、伍廷芳，③ 政府开办修订法律馆，派"五大臣出洋考察政治"，系统地组织翻译西方法学著作，都是中国近代法学迅速成长起来的重要原因。西方法律文化的传播，除大量的汉译法律类图书出版之外，还有对清末立法成果注释、解释的部门法律著作出版，鉴此，中国近代注释法学在这一背景下出现。

百年后的今天，当我们回顾中国近代法学时，尚存几点思考：

第一，西法传入是中国官方自上而下积极推动的，西方是一套全

---

① 何勤华：《法学近代化论考》，载《法律文化史谭》，商务印书馆 2004 年，第 289 页。

② 何勤华：《传教士与中国近代法学》，载《法律文化史谭》，商务印书馆 2004 年，第 321 页。

③ 王兰萍：《政治家的引领作用》，载吴玉章等主编：《西方法律思想史与社会转型》，中国政法大学出版社 2012 年，第 311 页。

新的法律系统，与中国传统法学截然不同，要让人们知悉部门法的具体内容，以及这套知识体系的优点，解释法条、阐发法理之著作成为西法东渐最基本的读物。

第二，考据、注释之方法是中国固有的法学方法，中国学人信手拈来，中国本土的考据之法与从继受西法知识系统交互对接，使中国近代法学呈现出翻译西法著作与注释法学著作两分天下之势。

第三，此时的注释法学，无论阐释哪种部门法，其核心价值反映西方法律文明的精神，如民主、自由、平等，权力制衡，司法独立，私权自治等，这些理念产生于欧洲近代化过程中民族国家建立、反对封建特权之中，这一历程是人类文明进步发展的必经之路，它为中国社会由专制走向法治奠定了理论基础。清末政府推动的中国法律近代化，其思想层面的意义，对于百年后依然进行中的法制现代化有诸多的启示与历史的借鉴意义。

第四，研究中国法学，按照学术流派梳理，有中国新分析法学派，如民国时期以吴经熊为代表，[1] 确少有关注中国注释法学派别。但是，不容忽视的是中国近代的注释法学研究成果真正体现了中国法学本土化与国际化初次尝试，所产生的碰撞、吸纳、排异、融汇，至今都是不过时的研究课题。因为，中国社会的现代化包括法律现代化依然是国家文明建设的当代话题。

为了梳理这些历史上曾经的、现在尚显支离破碎的中国注释法学，我们着手整理出版《中国注释法学文库》，纳入本次出版计划的书目主要集中于中国近代注释法学。在众多著作中遴选孟森、秦瑞玠、张君劢、郑兢毅等的注释著作。如孟森的《地方自治浅说》《咨

---

[1] 端木恺：《中国新分析法学简述》，载吴经熊、华懋生编：《法学文选》，中国政法大学出版社 2003 年，第 231 页。

议局章程讲义》《各省咨议局章程笺释》《咨议局议员选举章程笺释》，张君劢的《中华民国宪法十讲》，郑兢毅的《强制执行法释义》上、下，汪文玑的《现行违警罚法释义》，徐朝阳的《刑事诉讼法通义》，秦瑞玠的《大清著作权律释义》，王敦常的《票据法原理》，翁腾环的《公证法释义与实务》等著作。另外，对于中国古代经典进行法学意义上的阐释之作，我们也纳入其中，如张紫葛、高绍先的《〈尚书〉法学内容译注》等。当然，百年前的法律文献，保存十分不易，且不少图书馆索要高价，难以借阅，这些制约了《文库》版本选择，目前远未达到涵盖法学的全部基本法、再现六法面貌，今后随这一出版项目的继续，我们将逐步扩大收书范围，以期全面概观中国近代注释法学原貌。*

---

* 本文由王兰萍执笔。

图书在版编目(CIP)数据

公证法释义与实务/翁腾环编著.—北京:商务印书馆,2018
(中国注释法学文库)
ISBN 978 - 7 - 100 - 15792 - 6

Ⅰ.①公… Ⅱ.①翁… Ⅲ.①公证法—法律解释—中国 Ⅳ.①D926.6

中国版本图书馆 CIP 数据核字(2018)第 023817 号

本书据商务印书馆 1937 年版排印

中国注释法学文库

公证法释义与实务

翁腾环　编著

商 务 印 书 馆 出 版
(北京王府井大街36号　邮政编码100710)
商 务 印 书 馆 发 行
北 京 冠 中 印 刷 厂 印 刷
ISBN 978 - 7 - 100 - 15792 - 6

2018 年 4 月第 1 版　　　　开本 880×1230 1/32
2018 年 4 月北京第 1 次印刷　　印张 10¼
定价:38.00 元